Jupyter Notebook で始める
プログラミング
[増補版]

桑田 喜隆・小川 祐紀雄・早坂 成人・石坂 徹 共著

学術図書出版社

まえがき

本書は「対話的なプログラミング」の入門書です．Jupyter Notebook（ジュピターノートブック）上でプログラミング言語「Python」を使って初めてプログラミングを学習する人向けに執筆しています．特に「プログラミングの楽しさ」を実感できることを目標にしています．

さて，今を去ること 40 年前，1980 年代にパソコンの一大ブームが訪れました．当時は 8 ビットマシンでプログラミング言語として BASIC が動作しました．BASIC を搭載した「マイコン」[1]は電源を入れるだけで，余計な手続きなしにすぐにプログラミングができます．数値計算もできましたが，なによりシンプルなグラフィック機能を搭載しており，画面に模様や絵を描くことができました．さらにプログラムを組むことで，複雑なゲームなども作成することもできます．キーボードからコードを打ち込んで，エラーが出ると該当する行を調べて正しく動作するように修正します．慣れてくるとエラーをみただけですぐに修正できるようになります．このように，当時の非力な環境でもコンピュータと対話を通じて，わくわく感を味わいながら楽しくプログラムを学ぶことができました．

2020 年代の今，ありふれたスマートフォンですら当時のマイコンの少なくとも 1000 倍以上の能力をもっています．プログラミング学習用の環境も数多く発表されており，どれを選ぶか迷うほどです．さらにプログラミングを学ぶための書籍も非常にたくさん出版されていますし，わからない場合はインターネットの検索を使って解決できます．プログラムを学ぶ環境も格段の進化をしています．

他方，筆者らは環境変化にもかかわらずプログラミングを学ぶために重要なことの 1 つとして，対話性があると考えています．入力に対してすぐに反応が得

---

1) マイクロ・コンピュータ，My Computer という意味もありました．

られると，間違えに気付きすぐに修正することができます．インタープリタ方式の Python は対話的なプログラミング学習に向いていますが，さらに Jupyter Notebook の環境と組み合わせることで，エラーなどの修正や再実行が容易になりプログラミングの学習に最適です．無償で入手可能なので，実際に Jupyter Notebook を動かしてコンピュータと対話しながら本書の内容を実行して試すことをお勧めします．BASIC パソコンほど手軽ではありませんが，手順に従えば手持ちのパソコンへの導入は難しくありません．自分の書いたプログラムを実行しようとするとエラーが出ることもありますが，どのようなエラーがどういう場合に出て，それをどのように修正するかを発見することは貴重な体験です．むしろエラーを出すことを楽しんでほしいと思います．

なお，本書ではプログラミング言語として Python を取り上げていますが，現代プログラミングの重要な概念については触れていません．たとえば，Python のオブジェクト指向やモジュール化などについては取り上げていません．本書の内容を終了したら，さらに別の書籍に進むことをお勧めします．

2020 年 8 月

桑田 喜隆

謝辞

本書の改訂にあたり Python のデバッグテクニックについてアドバイスを頂いた，国立情報学研究所の横山重俊さん，政谷好伸さん，中川晋吾さん，谷沢智史さんおよび群馬大学の浜元信州さんに感謝いたします．

2023 年 6 月

桑田 喜隆

目　次

1 イントロダクション

1.1 プログラミング知識の必要性

今日，工学分野の仕事に限らず，我々の生活のあらゆる面でコンピュータが利用されています．現在の社会において，コンピュータは私たちの生活の一部となっています．コンピュータを効率よく使いこなすことが求められています．

筆者らは，コンピュータの利用段階として，次の２つに整理して考えています．

- **コンピューティング**

  コンピューティングとはコンピュータを利用して課題解決をすることを指します．たとえば，表計算ソフトや文書作成ソフトなどの既存の応用プログラム（アプリケーション・プログラム，以下，アプリ）が活用されます．

- **プログラミング**

  「プログラム」は，コンピュータに指示を出して計算処理をさせるための手順のことです．「プログラミング」はその手順を作成する行為を示します．

両者は似ていますが，実施する内容はまったく異なっています．

既存のプログラムを利用して，科学技術計算を行ったり制御システムを組んだりすることによって「コンピューティング」が行われます．多くの場合，コンピュータを使うためにはプログラムを自ら作成する「プログラミング」は必須ではありません．現実的にも，自分で作成したプログラムを使うことより他の人の作成したプログラムを使って計算する場合が多いと考えられます．

では，なぜプログラミングを学ぶ必要があるのでしょうか？

それは，より効率的なコンピューティングを行うためには，プログラミングの知識が必須であるからです．

たとえば，コンピューティングの場合，利用するプログラムで使われているアルゴリズムの特性や計算量を知っていると，計算時間を見積もることが可能になります．逆に，それらを知らないと，いつまでも終わらない計算を行ったり，メモリ不足に陥ったりする羽目になります．今後，計算機の処理性能がいくら向上したとしても，アルゴリズムによる特性や計算量の縛りは残ります．

より効率のよいコンピューティングを行うためには，プログラミングの知識が必要とされます．

本書で扱うプログラミングの基礎知識は，数学や物理の知識と同様に，工学者として必要な一般常識であると考えます．

1.2　本書の位置付け

プログラミングの経験がない学生も，プログラミングを始められるように配慮して構成しています．

初心者が容易に取り組めるように，対話的な計算環境である Jupyter Notebook を採用しています．言語処理系として Python をベースとしていますが，基本的なアルゴリズムやデータ構造の基礎を学ぶことを目指しています．

本書を基礎として，Jupyter Notebook で演習用の教材をウェブサイト

`https://github.com/muroran-it/jupyter-programming`

にて提供します．授業時間や自習時間において，本書を参考にしつつ数多くの演習問題を解くことで，実際にプログラミングを会得できるように構成しました．

1.3　本書を使った学習の方法

本書では，実践から学ぶ方法を推奨しています．すなわち，まず教科書で知識を学び，それを演習で実践することで知識を定着させる方法です．知識のみでは，頭で理解できても身につきません．見よう見まねの実践のみでは，正しい方法を理解することは困難です．

具体的には，次の方法で学習することを想定しています．

1. 教科書を使った予習

   事前に本書を使って内容を理解しておきます．

2. 授業でのポイント学習

   授業で重要な点やわかりにくい点を中心に学習します．

3. 演習

   演習を通じて，自分の理解を確かめます．

4. 発展問題による繰り返し学習

   演習時に学習した内容が理解できているか，発展問題で再度確認します．

1.4 前提条件

1.4.1 プログラミング環境

本書では，プログラミングの基礎を学習する目的のために，Jupyter Notebook と Python を利用しています．プログラミングの学習のために最も容易であると考えるため採用しています．このため，プログラミングを学習するために必要な部分を中心に説明しています．Jupyter Notebook および Python についてもっと知りたい場合には，参考文献に示した書籍を参照してください．

また，Jupyter Notebook と Python の機能のすべてを網羅していません．たとえば，オブジェクト指向，各種のデータ構造，モジュール化など現代のプログラミングでは非常に重要な概念も説明の都合で割愛しています．

1.4.2 計算機環境

本書で扱うソフトウェアを以下に記載します．

- Jupyter Notebook 6.4
- Python 3.10

利用にあたっては，表 1.1 の計算機環境を推奨しています．

なお，ソフトウェアのインストール方法について付録 A で説明します．

表 1.1　推奨する計算機環境

項目	要件
CPU	Intel Core-i5 または相当性能以上
メモリー	8 G バイト以上
補助記憶装置	SSD 250 G バイト以上
ディスプレイ	14 インチ (1920 x 1080) 以上
OS	Windows 10/11
Web ブラウザ	Firefox

1.5　プログラミンングの一般知識

1.5.1　プログラム開発の流れ

一般的に，プログラムを作成する場合，次のような工程を踏みます．

図 1.1　プログラミングの工程

1. 設計

実現したい機能や，処理の手順，データの形式などを決定します．

2. コーディング

設計に基づいて，プログラミング言語でソースコードを記述してコンピュータ上に打ち込みます．

3. 動作試験

言語処理系を使って，実際にプログラムを動かして，意図した通りに動作するか確認します．

4. 修正

必要に応じて，設計やコーディングに戻って修正を行います．意図した動きになるまで繰り返します．

5. 完成

出来上がったプログラムを利用します．人に配る場合には配布の手続きをします．

1.5.2 言語処理系

人間の書いたプログラムをコンピュータ上で実行するために使われるのが，言語処理系と呼ばれるプログラムです．

大きく分けて，コンパイラとインタープリタに分かれます．

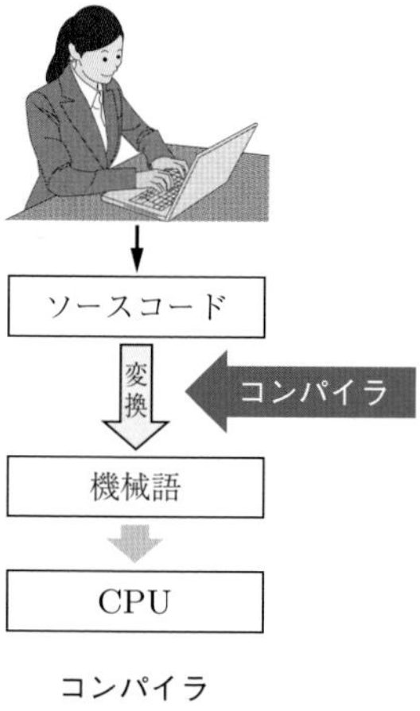

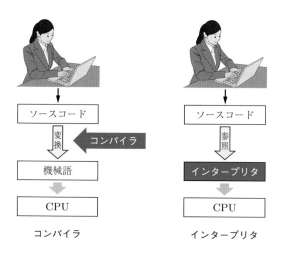

図 1.2　コンパイラとインタープリタ方式

- **コンパイラ**

  ソースコードを一度読み込んでコンピュータ上で直接実行可能な機械語に翻訳する方式の処理系を「コンパイラ」と呼びます．また，翻訳する処理は「コンパイル」と呼ばれます．コンパイラには以下の特徴があります．

  ◇ 高速実行

機械語に翻訳するため，コンピュータの性能を最大限に引き出すことができます．

◇ 構文チェックなどを事前に行える
変換時に構文のチェックなどを行うことで，実行時に構文エラーが出ることはありません．

◇ コンパイル処理が必要
事前にコンパイル処理が必要になり，手間と時間が必要です．

- **インタープリタ**
実行時にソースコードを解釈しながら実行する方式の言語処理系を「インタープリタ」と呼びます．以下の特徴があります．

◇ 実行が遅い
コンパイラに比べて実行速度が遅いといわれています．

◇ 実行時のエラーチェック
実行時にソースコードを読み込んでエラーのチェックをします．

◇ コンパイル処理が不要
プログラムを記述するだけで，すぐに実行できます．事前のコンパイル処理は不要です．

最近の言語処理系はインタープリタ方式でも，実行時にコンパイルを行うことで処理速度の低下を防ぐような工夫がされています．

本書で扱う Python はインタープリタ方式です．

1.5.3　主なプログラミング言語

代表的なプログラミング言語の特徴と主な用途を表 1.2 に示します．

1.5.4　Python の特徴

Python は現在最も注目されているプログラミング言語の 1 つです．次のような特徴があります．

- **簡単**
簡単に処理が書け，読みやすいように言語仕様が工夫されています．
わかりやすいため，初心者にもお勧めできます．

表 1.2 代表的なプログラミング言語

プログラミング言語	特徴	主な用途
C 言語	OS レベルの細かい処理が記述できる	Linux/Unix 向け
C++	C を拡張しオブジェクト指向を取り入れた言語	大規模プログラム
Objective-C, Swift	最新技術を取りこんだ安全で高速な言語	iOS アプリ開発
Java	パソコンから小さなデバイスまで様々な環境で動作する	Web サーバ, Android スマフォ
PHP, Javascript	Web サーバ向けスクリプト言語	Web 上のシステム
Python	汎用のスクリプト言語でライブラリが充実している	様々な用途に用いる

- **人気が高い**
  近年注目されており，参考文献や Web 上の情報が豊富にあります．
- **応用分野が豊富**
  一般的なプログラム作成に利用されているほか，データ解析や機械学習など AI の分野でも広く利用されています．
- **ライブラリが充実**
  よく利用する処理が，呼び出して利用可能なプログラム集（ライブラリ）として数多く用意されています．ゼロから処理を書かなくても応用プログラムが迅速に作成できます．
- **オープンソース・ソフトウェア**
  Python はオープンソース・ソフトウェアとして，開発プロセスを含めて公開されています．言語処理系は無料で入手可能です．Windows/MacOS X/Linux に対応していますので，自分のパソコンに入れて学習することができます．また，言語処理系自身のソースコードも公開されているため，内部の構造を解析したり研究することもできます．
- **バージョンの違いに注意**
  Python の処理系には Python2 と Python3 の 2 系統のバージョンがあ

り，一部に互換性がありません．インターネットや書籍などから情報を収集する場合には，どちらのバージョンの情報か確認することが大切です．本書では，Python3 に準拠します．

1.5.5 Jupyter Notebook とは

Jupyter Notebook は，Web ブラウザを利用した対話的コンピューティング環境です．

対話的コンピューティングは，利用者が逐次的にコンピュータにコマンドを入力し，その出力結果を確認しながら，次のコマンドを実行していく方法です．これに対して，あらかじめプログラミングを作成しておき，コンピュータに実行を指示する方法が用いられるケースがあります．本書ではバッチ処理的なコンピューティングと呼ぶことにします（図 1.3）．

Jupyter Notebook では，Python で書かれたプログラムの呼び出しや，データの操作により対話的コンピューティングを行います．

図 1.3　対話的コンピューティングとバッチ処理的コンピューティング

同じ Python でプログラムを書いたファイルを用意して，一括実行するバッチ処理的なコンピューティングを行うこともできます．

Python に付属する iPython を使うと，コマンドラインから対話的コンピューティングを行うことができます．iPython では，利用者の入力したコマンドと実行結果は画面に出るだけで，記録が残りません．Jupyter Notebook は Notebook と呼ばれるインタフェースを経由して操作することで，iPython の入力および出力を記録として残したり，操作内容を保存したりすることができるようになります（図 1.4）．

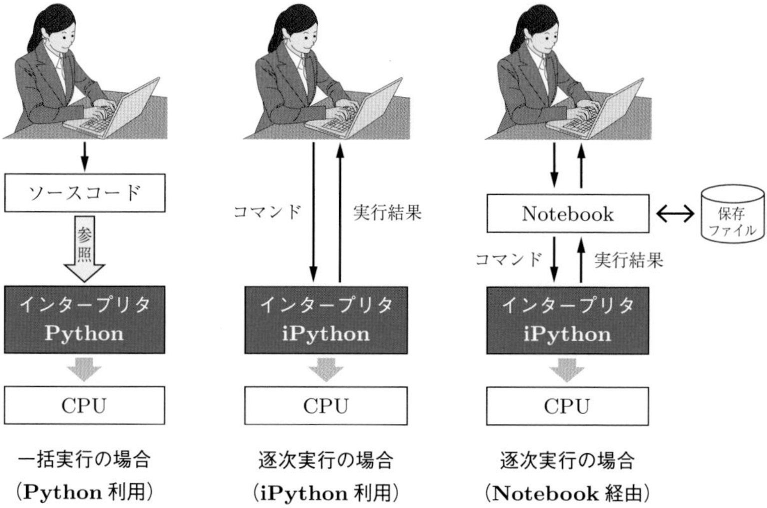

図 1.4 Python の実行形態と Jupyter Notebook

Jupyter Notebook はもともと iPython のために設計され，iPython Notebook という名称でした．Notebook インタフェースの使い勝手の良さから，他の言語処理系もサポートするようになり，名称も Jupyter Notebook に変更されました．

1.5.6 Jupyter Notebook の特徴

Jupyter Notebook は次の特徴をもっています．

- **Notebook インタフェース**

  Notebook を使うと，あたかもノートにメモする感覚で計算を行うことができます．Notebook には計算式以外にコメントを記録することができます．また，グラフィックライブラリ[1)]を利用することで，計算結果を視覚的に Notebook に記録できます．

  Notebook は，保存して後で参照することが可能です．Web ページに変換したり，TEX[2)]にして論文に利用することが容易にできるように設計さ

---

1) Junyter Notebook 用のグラフィックライブラリである「matplotlib パッケージ」を使った例を第 7 章に記載しました．

2) 電子組版システムで，論文や書籍の出版に利用されています．本書も TEX の派生である LATEX を利用して作成されています．

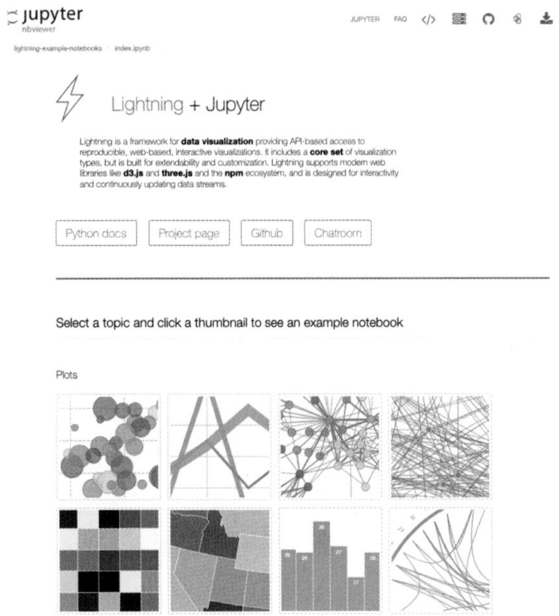

図 1.5　グラフィックスを利用した例[3)]

れています．

- **パソコンへのソフトのインストールが不要**
  インターネット経由でクラウドサービスを利用することで，どこからでも同じ環境を利用することができます．もちろんパソコンにインストールして使うこともできます．Web ブラウザから利用することができるため，自分のパソコンへのソフトのインストールが不要です．
- **複数の言語処理系が使える**
  Python 以外に R 言語, Julia, Scala など 40 以上の言語処理系を Notebook インタフェースで利用することができます．

3) https://nbviewer.jupyter.org/github/lightning-viz/lightning-example-notebooks/blob/master/index.ipynb
より引用．

- **オープンソース・ソフトウェア**

  オープンソース・ソフトウェアとして，コミュニティによって公開形式で開発が進められています．利用者の要望を開発者にフィードバックすることが容易に実施できますし，改善提案も行えます．非常に速いペースで開発が進められていることも特徴の１つです．

1.6 Jupyter Notebook の使い方

1.6.1 ログイン

Jupyter Notebook にログインします．

図 1.6 Jupyter Notebook のログイン画面の例

ログイン方法の詳細については，利用するシステムのマニュアルを参照してください．

また，付録 A で示したようにパソコンへインストールした場合も，ログインは不要です．

1.6.2　Notebook の新規作成

ログインすると，図 1.7 に示すような，自分のホームフォルダにあるファイルの一覧が表示されます．この画面では，ファイルの消去や名称変更などの操作ができます．

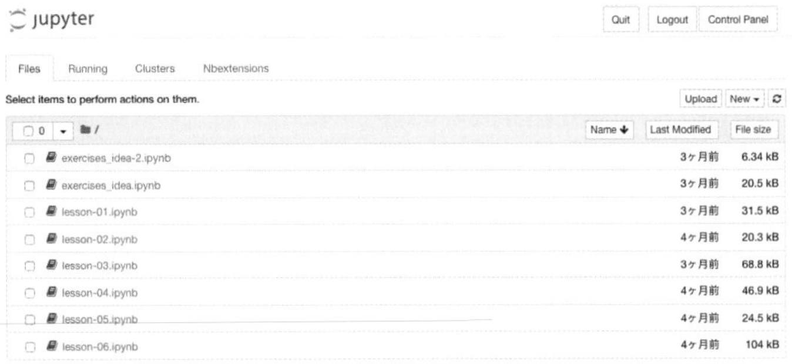

図 1.7　Jupyter Notebook の ホーム画面の例

新規に Python 用の Notebook を作成するためには，図 1.8 の右上の「New」ボタンを押下し，プルダウンから Python3 を選択します．

図 1.8　Jupyter Notebook の新規作成

1.6.3　Notebook 画面

新しいタブで Untitled という名前の Notebook が作成されます．

図 1.9 に Notebook 画面の例を示します．

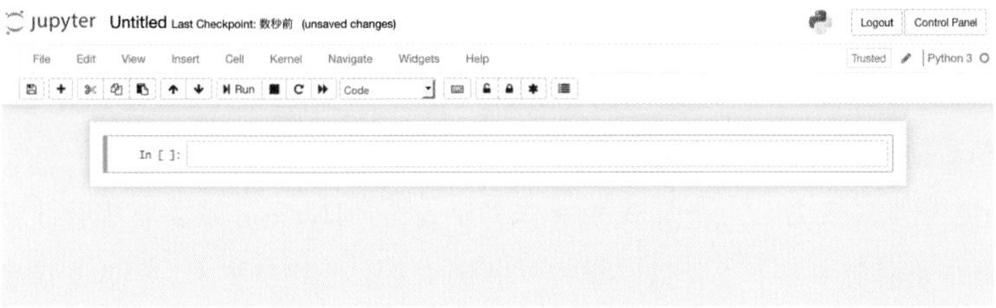

図 1.9 Jupyter Notebook の画面例

画面の上部にはメニューとよく使う操作のショートカットが置かれています．図 1.10 で画面のレイアウトの詳細を，図 1.11 でショートカットのアイコンの意味を示します．

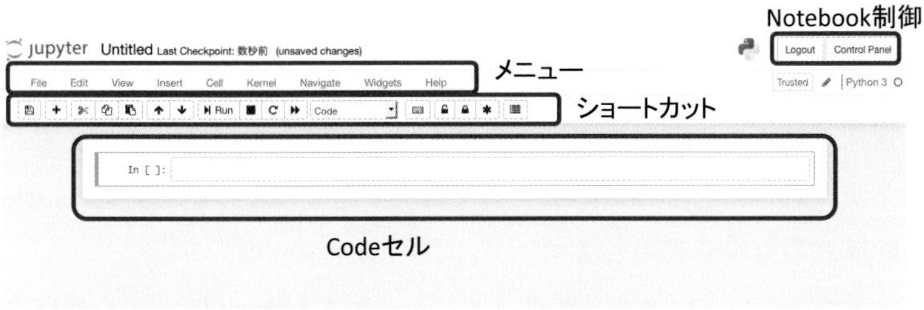

図 1.10 Jupyter Notebook のレイアウト

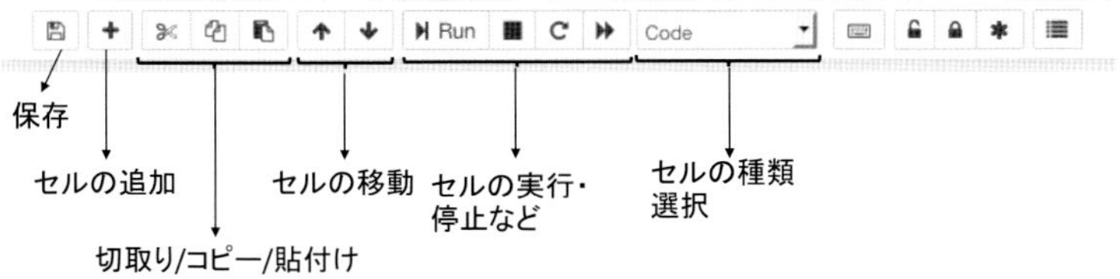

図 1.11 Jupyter Notebook のショートカット

画面の中央は Notebook の作成および編集用のエリアです．ゼロから作成した場合には，図 1.10 に示すように Code セルと呼ばれるセルが 1 つだけ表示されます．

1.6.4 Notebook の編集と評価

Code セルに式やプログラムを入力します．セルの中で改行するとセルの高さが大きくなり複数の行を入力できます．

Code セルに入力した計算式やプログラムを，Python により実行することを「セルを評価する」または，単に「評価する」と呼びます．セルを評価するには，図 1.11 に示すショートカットの「▶| Run」アイコンをクリックするか，Shift + Enter （MacOS X の場合，Shift + Return）キーを押下します．

`In[]` の中の数字が出て，評価結果が `Out[]` として表示されます．括弧の中の数字は Python で評価した順番を示しています．同じセルを再度評価すると，数字が増えます．

1.6.5 Notebook のセルの操作

新しいセルを挿入するには，ショートカットの「+」アイコンをクリックします．選択されているセルの１つ下に新しい Code セルが挿入されます．

プログラムではなく，Notebook として説明やメモを入れるときは，Markdown セルと呼ばれるセルを利用します．

ショートカットの中央のプルダウンメニューから「Markdown」を選択すると，選択したセルが Markdown セルに変更されます．Markdown セルは評価しても Python のプログラムとして実行されません．Markdown セルは，入力した文字の書式を整えたり，数式を表示したりする機能をもっています．Markdown セルの記述に基づき，書式を整える処理を「レンダリング」と呼びます．Markdown セルの主な機能を表 1.3 に示します．

表 1.3 Markdown セルの主な機能

機能	記述例	表示例
ヘッダ 1（大見出し）	# 1. はじめに	**1. はじめに**
ヘッダ 2（中見出し）	## 1.1 式の評価	**1.1 式の評価**
ヘッダ 3（小見出し）	### 1.2.3 関数の値	**1.2.3 関数の値**
数式（LaTeX 形式）	$\frac{1}{x}$	$\frac{1}{x}$
ボールド	**注意点**	**注意点**
イタリック	*Italic*	*Italic*[4]
取り消し	~~取り消し~~	~~取り消し~~
リンク	[HP](www.muroran-it.ac.jp)	HP
リスト	- 項目 1 - 項目 2 - 項目 3	• 項目 1 • 項目 2 • 項目 3
番号付きリスト	1. 項目 1 1. 項目 2[5] 1. 項目 3	1. 項目 1 2. 項目 2 3. 項目 3
引用	>引用文書 >引用文書 >引用文書	引用文書 引用文書 引用文書

研究レポートを Notebook として作成する場合には，Markdown セルとして説明を記述し，Code セルに計算式を入れて評価します．Markdown セルのレンダリング機能をうまく利用すると，綺麗なレポートを作成することができます（図 1.12）．

[4] 日本語の場合，イタリックを指定してもイタリック体で表示されません．
[5] 全部「1」を指定しても，自動的に番号が振りなおされます．

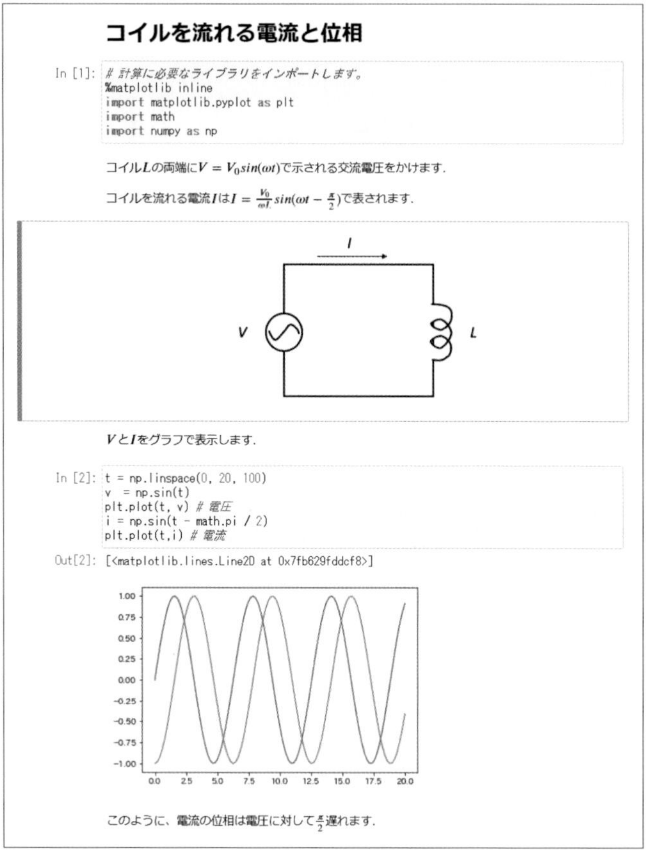
コイルを流れる電流と位相
In [1]:
計算に必要なライブラリをインポートします。
%matplotlib inline
import matplotlib.pyplot as plt
import math
import numpy as np
コイルLの両端にV = V0sin(ωt)で示される交流電圧をかけます.
コイルを流れる電流IはI = V0/ωL sin(ωt − π/2)で表されます.
I
V
L
VとIをグラフで表示します.
In [2]:
t = np.linspace(0, 20, 100)
v = np.sin(t)
plt.plot(t, v) # 電圧
i = np.sin(t - math.pi / 2)
plt.plot(t,i) # 電流
Out[2]: [<matplotlib.lines.Line2D at 0x7fb629fddcf8>]
このように、電流の位相は電圧に対してπ/2遅れます.

図 1.12　Markdown セルを利用したレポートの例

1.6.6　Notebook の保存と終了

Notebook を保存するには，画面左上の保存アイコン（フロッピーディスク[6]）を押下します．

操作を終了する場合には，画面右上の Logout ボタンを押下します．

Notebook を閉じる前に，忘れずに Notebook を保存するようにします．

Notebook は一定時間ごとに自動的に保存されますが，終了時の保存を忘れると，最新の変更内容が保存されていないことがあります．

---

6) 現在ではほとんど使われていませんが，磁気記憶媒体として広く使われていました．現在では，「保存する」意味のアイコンとして定着しています．

2 計算してみよう

2.1 Jupyter Notebook での計算

Jupyter Notebook では `In[1]` のセルを評価すると，結果が `Out[1]` として出力されます．

簡単な計算を行う例を示します．

例 $1+2$ の計算の例

```
In [1]:  1 + 2

Out[1]:  3
```

ここで，`In[1]`，`Out[1]` の括弧内の数字は評価の順序を示す数です．1 回目の評価なので，1 になっています．評価が終わると次のセルは 2 になります．

例 $3.14+4.3$ の計算の例

```
In [2]:  3.14 + 4.3

Out[2]:  7.4399999999999995
```

答えは 7.44 になりますが，ここでは正確な値となっていません．これは，計算機内部での計算精度の限界のために生じた誤差です．

また，Jupyter Notebook では 1 つのセルの中に複数の式を記述できます．最後の式の評価の結果が `Out[]` として表示されます．

例

In [2]:
```
# 最後の式の評価結果だけが表示されます
1 + 2 + 3
5 * 10
8 * 2
9 + 23
```

Out[2]: 32

また，セルの中に#で始まる行は評価されません．セルの中で，一時的に実行したくない場合や，プログラムのコメントとして残しておきたい場合[1]に利用します．

2.1.1　算術演算子と計算の優先順位

算術演算には次のようなものが使えます．

表2.1　算術演算子

演算子	意味	例	説明
+	加算	x + y	xにyを加える
-	減算	x - y	xからyを引く
*	乗算	x * y	xにyを掛ける
/	除算	x / y	xをyで割る
%	剰余	x % y	xをyで割った余り
**	累乗（べき乗）	x ** y	xのy乗

演算子には優先順位があり，優先順位の高い方から計算されます．演算子の優先順位を表2.2に示します．

括弧は「( )」だけが使えます．数学で利用される「{ }」や「[ ]」はエラーになります．また，同じ優先順位の演算子の場合，左から計算されます．2重，3重に括弧を利用する場合にも，「( )」を使います．特に初心者には，表2.3のような計算式で誤りが多いので注意します．

[1] Jupyter Notebookでは，説明などを文書として正式に記録する場合に，Markdownセルを使うことをお勧めします．

表 2.2 演算子の優先順位

順位	演算子
1（高）	`( )`
2 ↑	`**`
3 ↓	`* / %`
4（低）	`+ -`

表 2.3 よくある計算式の間違え

数式	正しいプログラム	誤った場合の振る舞い
$2a+1$	`2 * a + 1`	`*` を忘れるとエラーになる
$(b+1)(b-1)$	`(b + 1) * (b - 1)`	`*` を忘れるとエラーになる
$\dfrac{a+1}{b(b+1)}$	`(a + 1) / (b * (b + 1))`	分子全体・分母全体の括弧を 忘れるとまったく違う式になる

注意 数学の表記と違い乗算演算子「`*`」は省略できません.

2.1.2 指数付き定数の表現

極めて大きな数値や, 極めて小さな数値を表現する場合には,「指数付き定数」を使用します.

例

$123000 \rightarrow 1.23 \times 10^5$

$0.0005 \rightarrow 5.0 \times 10^{-4}$

Python の指数付き定数では「仮数部 E 指数部」と表記します. 上記の例は, 次のように表現します.

```
In [1]: 1.23E5
Out[1]: 123000.0
In [2]: 5.0E-4
Out[2]: 0.0005
```

次のような表記は誤りです.

表 2.4　指数付き定数表記の誤り例

誤った表記	誤った点	正しい表記
`E4`	仮数部が1でも省略できない	`1E4`
`1.23E0.4`	指数部は整数のみ	表記不可
`5.0E(-4)`	指数部に括弧は不要	`5.0E-4`
`2.3*E4`	仮数部と指数部の間の * は不要	`2.3E4`
`5.4**4`	べき乗の計算式で, 指数付き定数ではない	—

2.2　数学関数の利用

2.2.1　数学関数の利用のための準備

Python は組み込まれている機能に加え,「モジュール」を使うことで機能を拡張することができます. 数学関数を利用するためには,「math モジュール」を使います. Python のモジュールを使えるようにすることを「インポート」と呼びます. `import math` と書くことで, math モジュールがインポートできます.

```
In [1]: import math
```

2.2.2　数学関数の利用方法

math モジュールには表 2.5 のような関数が含まれています.

注意　これらは math モジュールに属する関数です. これらを使うためには, 関数の前に「`math.`」をつける必要があります. たとえば $\sin x$ を求めるには, `math.sin(`x`)` と書く必要があります.

例　$\sin 30^\circ$ の計算

```
In [1]: math.sin(math.radians( 30 ))

Out[1]: 0.49999999999999994
```

ここでは, 30° をラジアンに変換するため `math.radians()` を使っています.

表 2.5 math モジュールに含まれる数学関数の例

関数	式	関数名	備考
べき乗	x^y	`pow(x,y)`	
平方根	$\sqrt{x}$	`sqrt(x)`	
正弦	$\sin x$	`sin(x)`	角度の単位はラジアン
余弦	$\cos x$	`cos(x)`	角度の単位はラジアン
正接	$\tan x$	`tan(x)`	角度の単位はラジアン
円周率 π	π	`pi`	
自然対数	$\log x$	`log(x)`	底は e[2]
常用対数	$\log_{10} x$	`log10(x)`	底は 10
指数関数	e^x	`exp(x)`	
度数ラジアン変換	–	`radians(x)`	度数→ラジアンを返す
ラジアン度数変換	–	`degrees(x)`	ラジアン→度数を返す

2.3 文字列

Python では数字以外に文字を扱うことができます．文字の集まりは「文字列」として扱われます．

2.3.1 文字列の利用

文字列は，その両端をダブルクォート (") またはシングルクォート (') で括ります．これらは引用符と呼ばれます．

例 文字列

```
In [1]: "Hello World"

Out[1]: 'Hello World'

In [2]: 'Hello Universe'

Out[2]: 'Hello Universe'
```

[2] e は自然対数の底を示す．

英数字ばかりでなく，日本語も扱うことができます．

In [3]:
```
"日本語文字列"
```

Out[3]: '日本語文字列'

ダブルクォートもシングルクォートも同じように扱われますが，Jupyter Notebook ではシングルクォートで表示されます．

2.3.2 複雑な文字列の作成

ダブルクォートやシングルクォート自身を文字列に入れたい場合には，直前にバックスラッシュ「\」を挿入します．日本語の環境だと「¥」（円マーク）と表示されます．ここでは「\」で記述することにします．バックスラッシュ「\」の後の文字は，ダブルクォートやシングルクォートであっても「普通の文字」として扱われます．バックスラッシュを使って普通の文字にすることは「エスケープ」と呼ばれます．

例 ダブルクォートを文字列に入れる

In [1]:
```
# ダブルクォートで括る場合，バックスラッシュが必要
"He said \"Hello World\""
```

Out[1]: 'He said "Hello World"'

In [2]:
```
# シングルクォートで括る場合，そのまま入力できる
'He said "Hello World"'
```

Out[2]: 'He said "Hello World"'

例 シングルクォートを文字列に入れる

In [1]:
```
# ダブルクォートで括る場合，そのまま入力できる
"I don't know why"
```

Out[1]: "I don't know why"

```
In [2]: # シングルクォートで括る場合，バックスラッシュが必要
        'I don\'t know why'

Out[2]: "I don't know why"
```

2.3.3 文字列同士の連結

文字列同士は「+」演算子を使って連結することができます．

例 文字列同士の連結

```
In [1]: "美しい" + "日本語"

Out[1]: '美しい日本語'
```

2.3.4 文字列の繰り返し

文字列に「*」演算子を適用すると，指定した回数だけ繰り返す文字列が生成されます．

例 文字列の繰り返し

```
In [1]: 'orz ' * 10

Out[1]: 'orz orz orz orz orz orz orz orz orz orz '

In [2]: '変' * 30

Out[2]: '変変変変変変変変変変変変変変変変変変変変変変変変変変変変変変'
```

2.4 変 数

計算に利用する数字や文字列などを格納する記憶場所を「変数」と呼びます．

2.4.1 変数とその命名規則

変数は自由に名前をつけることができますが，以下の規則があります．

1. アルファベット，数字，下線（「_」，アンダースコア）を利用する
2. 最初の1文字はアルファベットまたは下線（「_」）
3. アルファベットの大文字と小文字は区別される
4. and, not, if, for など Python に組み込まれたキーワード（予約語）は使えない

表 2.6　変数の例

正しい例	誤りの例
abc	2a
no_2	no.2
x2____xyz	for

注意　Python では日本語の変数名も使えます．本書では混乱をさけるため使わないこととします．

注意　変数に名前をつける必要がない場合，「_」1文字の変数名を使うことがあります．

2.4.2　変数への代入

変数に数値を割り当てることを「代入」と呼びます．代入には演算子「=」が使われます．

例　変数への代入

In [1]:
```
# 代入では何も表示されない
a = 100
```

In [2]:
```
# a を評価すると値が表示される
a
```

Out[2]:　100

正しくない変数名をつけた場合，エラーが出ます．

In [3]:
```
2a = 200
```

```
  Cell In[3],line 1
    2a = 200
     ^
SyntaxError:  invalid decimal literal
```

代入されていない変数を参照しようとするとエラーが出ます．

例 未代入の変数の参照

In [1]:
```
# 代入していない変数 b を参照するとエラーとなる
b
```

```
---------------------------------------------------
NameError                 Traceback (most recent call last)
Cell In[1], line 1
----> 1 b

NameError:  name 'b' is not defined
```

この場合，事前に変数に値を代入しているか確認してください．

コラム 1　エラーを出そう！

本書で扱うプログラムは学習のためのものですので，エラーを恐れずに試してください．どのようなエラーが出て，どう対処すればよいかを学ぶことも学習目的の1つになっています．

エラーメッセージは英語で表示されるため敬遠されがちですが，プログラムの修正に有益な情報が示されています．エラーメッセージの確認方法については，付録B.2節を参照してください．

2.4.3　変数の型

変数には数値，文字などの「型」があります．Python では代入時に自動的に型を判別しています．

type() を使うと変数の型を調べることができます．

表 2.7　変数の型の例

表示	型名
int	整数
float	実数
str	文字列

In [1]:
```
a = 100
a
```

Out[1]: 100

In [2]:
```
type(a)
```

Out[2]: int

In [3]:
```
s = "文字変数"
type(s)
```

Out[3]: str

In [4]:
```
f = 123.45
type(f)
```

Out[4]: float

float と int の数値変数の間では演算が可能です.

In [5]:
```
a + f
```

Out[5]: 223.45

数値と文字列といった, 型の異なる変数同士で演算を行うとエラーになります.

In [6]:
```
s + a
```

```
---------------------------------------------------
TypeError      Traceback (most recent call last)
  <ipython-input-12-aa76acfc9dfc> in <module>
  ----> 1 s + a

TypeError:  must be str, not int
```

この場合，数値型の a を文字列に変換することで連結することが可能です（2.5.2 項参照）.

In [7]:
```
s + str(a)
```

Out[7]: '文字変数 100'

2.4.4 複合演算子

「複合演算子」は計算と代入を同時に行う演算子です.

In [1]:
```
a = 25
a = a + 5
a
```

Out[1]: 30

上記と同じことを,「+=」複合演算子を使って次のように書けます.

In [2]:
```
a = 25
a += 5
a
```

Out[2]: 30

複合演算子には次のようなものがあります.

表 2.8　複合演算子

複合演算子	意味	例	説明
+=	加算代入	x += y	x に $x+y$ を代入
-=	減算代入	x -= y	x に $x-y$ を代入
*=	乗算代入	x *= y	x に $x*y$ を代入
/=	除算代入	x /= y	x を x/y を代入
%=	剰余代入	x %= y	x に x 割る y の余りを代入
**=	累乗（べき乗）代入	x **= y	x に x の y 乗を代入

2.4.5　複合演算子を使った文字列の連結

「+=」複合演算子を使うと文字列の操作を簡単に行うことができます.

In [1]:
```
a = "日本語"
a += "の表現"
a
```

Out[1]: '日本語の表現'

2.5　表示関数

Jupyter Notebook では，最後に評価された値が出力されますが，途中結果などの値を表示したい場合には，表示関数 print() を使います.

In [1]:
```
print("Hello World")
```

```
Hello World
```

ここで，出力された文字列 Hello World は Out[] として出力されていない点に注意してください.

次の例ではセルの評価値として'Hello World' が出力されており，print() で出力されたものとは異なります.

In [2]:
```
"Hello World"
```

```
Out[2]:  'Hello World'
```

また，print() ではカンマで区切ることで，複数の項目をつなげて表示することができます．次の例では，print() を使って，文字列"Hello World"と数字 2019 を表示しています。

```
In [3]:  print("Hello World ", 2019)
```

```
Hello World 2019
```

2.5.1 表示関数の利用

表示関数を利用して，計算結果を表示することができます．

例 print() を使って 13.4 + 15 の結果を表示する．

```
In [1]:  print(13.4 + 15)
```

```
28.4
```

例 計算結果が入っている変数を，print() を使って表示する．

```
In [1]:  a = 13.4 + 15
         print("ANSWER = ", a)
```

```
ANSWER = 28.4
```

例 複数の変数の値を print() を使って表示する．

```
In [1]:  a = 13.4 + 15
         b = 13.4 - 15
         print("a = ", a, " ,b = ", b)
```

```
a = 28.4 ,b = -1.6
```

2.5.2 数字から文字列への変換

str() 関数を使うと，数字から文字列に変換することができます．

In [1]:
```
str(13)
```

Out[1]: '13'

print() は，書式を整えて計算結果などを出力する場合に利用することができます．次の例では，str() で計算結果を文字列に変換したあとに，文字列の連結機能を使って出力を作成しています．

例 $\frac{906}{302} + 10$ を計算し，「ANSWER = 計算結果」という形式で印字する．

In [1]:
```
print("ANSWER = " + str(906 / 302 + 10))
```

```
ANSWER = 13.0
```

同じことを print() の複数表示の機能で実現できます．この場合は，結果の数値をそのまま利用できるため，文字列への変換は不要です．

例 文字列に変換せずに print() の機能で計算結果を表示する．

In [1]:
```
print("ANSWER = " , 906 / 302 + 10)
```

```
ANSWER = 13.0
```

コラム2　プログラミングで出てくる記号とその読み方

プログラミングでは英文で使うことの少ない記号を多用します．Python で利用する記号の読み方と意味について表 2.9 にまとめておきます．特に読み方とキーボードからの入力方法については慣れておく必要があります．

表 2.9 Pythonで利用する主な記号と読み方

記号	読み方	Pythonでの利用場面
"	ダブル・クォーテーション	文字列の開始終了を示す
'	シングル・クォーテーション	文字列の開始終了を示す
*	アスタリスク，アスター	乗算
**	アスタリスク・アスタリスク	べき乗
/	スラッシュ	乗算
+	プラス	加算
-	マイナス，ハイフン	減算，負の数字など
=	イコール	変数への代入
==	イコール・イコール	比較演算（等しい）
!=	ノット・イコール	比較演算（等しくない）
<	小なり	比較演算（小さい）
>	大なり	比較演算（大きい）
<=	小なりイコール	比較演算（以下）
>=	大なりイコール	比較演算（以上）
:	コロン	if文やfor文で次のブロックが続くことを示す
;	セミコロン	一行に複数文を書く
#	ハッシュ，シャープ	コメントを示す
\	バックスラッシュ	特殊文字を示す
_	アンダースコア，アンダーバー	変数名や関数名の一部で使用する
%	パーセント	余剰演算，フォーマットの指定（本書対象外）
,	カンマ	引数の区切り
.	ドット，ピリオド	小数点，オブジェクトのメソッド（本書対象外）
(,)	小カッコ，丸カッコ	計算順序，関数の引数，タプル
{, }	中カッコ，波カッコ	辞書
[,]	大カッコ，角カッコ	リスト
&	アンパーサント，アンド	ビット演算AND（本書対象外）
^	キャレット，ハット	ビット演算XOR（本書対象外）
|	縦棒，パイプ，バーチカルバー	ビット演算OR（本書対象外）
~	チルダ	ビット演算反転（本書対象外）

演　習　問　題

2.1　分数計算

Notebook のセルに式を入力して，次の計算をしなさい．

$$120 + \frac{23.5 + 312.00}{0.0003 \times 130}$$

2.2　変数の利用

1. 1 つめのセルで，変数 a, b にそれぞれ 124.5, 5 を代入しなさい．
2. 次のセルで，$\dfrac{a}{b}$ の計算をしなさい．
3. 次のセルで，$a \times b$ の計算をしなさい．
4. 次のセルで，a^b の計算をしなさい．

2.3　`print()` の利用

`print()` を使って，"こんにちわ，世界"と出力するプログラムを作成しなさい．

2.4　複雑な式の計算

次の式を計算し出力するプログラムを作成しなさい．

$$t = 5.82 \times 10^{-1} + \frac{2s - s \times \cos 33s}{s(s+2)}$$

- 5.82×10^{-1} は 指数付き定数で記述すること．
- 変数 s, t（数値型）を利用すること．
- 変数 s へ数値 15.6 を代入すること．
- 実行結果は「$t =$」という文字，とその右に値を表示すること．

2.5　摂氏から華氏への変換

次に示す式を使って，温度の変換をしなさい．

1. 摂氏 18 度を華氏に変換しなさい．

$$華氏 = 摂氏 \times 1.8 + 32$$

2. 華氏 100 度を摂氏に変換しなさい．

$$摂氏 = (華氏 - 32) \times \frac{5}{9}$$

3 条件判断

3.1 プログラムの基本構造

プログラムは次の基本的な構造から構成されています.

- **逐次実行**

  指定した順序で処理が実行されます.

- **条件分岐**

  条件によって, 処理の流れを変える方法です.

- **繰り返し**

  条件を満たすあいだ, 同じ処理を繰り返し実行します.

図 3.1 にプログラムの基本構造を示します[1].

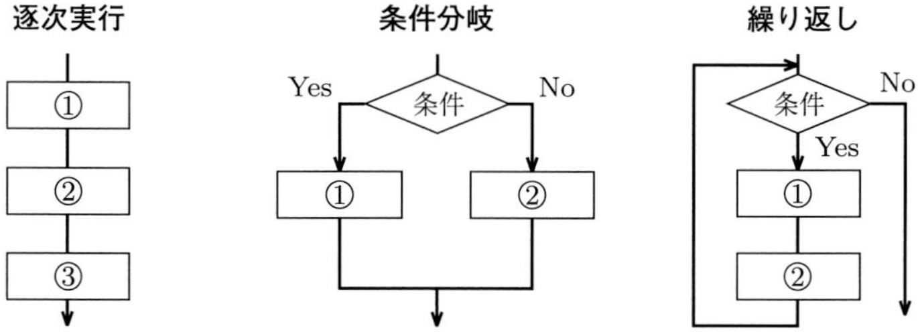

①, ②, ③の順番に実行　　条件により①または②を実行　　条件を満たすあいだ①, ②を繰り返し実行

図 3.1　プログラムの基本構造

[1] このようなプログラムの流れを示す図をフローチャートと呼びます. フローチャートは主に以下の部品で構成されます.

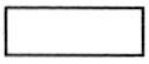 :「処理」を記述します.　 :「判断」を記述します.

 : 処理の流れを示します.　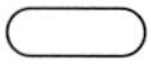 : 開始や終了を示します.

3.2　逐次実行

Jupyter Notebook では，1つのセルの中に式を書くと，上から順番に逐次実行されます．

```
In [1]:  1 + 2
         2 * 8 + 6

Out[1]:  22
```

複数の式を記述した場合，一番最後の式の評価結果が，Out[] として出力される点に注意してください．それまでの計算式も評価されていますが，上記の例では，print() などによる結果の出力を伴わないため，1つ目の式の評価結果は出力されていません．

Out[] で何も出ないのはなぜ

Jupyter Notebook では最後の式の評価結果が Out[] として表示されます．代入文は何も評価結果が返されないため，Out[] には何も表示されません．複数行に式を書いた場合には，最後の行の評価結果だけが Out[] として表示されます．

逐次実行では，必ず実行の順番が維持されます．1つの命令が終了してから，次の命令が実行されます．計算の順番が問題になる場合には，記述する順番に注意します．

3.3　セルの評価の順序

Jupyter Notebook では複数のセルの評価の順番は利用者が指示します．このため，セルの記述されている順番に評価が行われるかどうかは決まっていません．下の方のセルを先に評価することも可能です．

例 変数に値を代入しながら，a と b の合計を順番に求めるプログラム

In [1]:
```
a = 10
b = 20
print (a + b)
a = 5
print (a + b)
a = 8
print (a + b)
b = -1
print (a + b)
```

Out[1]:
```
30
25
28
7
```

この場合には，1つのセルの中では上から下に評価することが決まっていますので，必ず上記の結果が出ます．

計算式を4分割してみます．

In [2]:
```
# セルA
a = 10
b = 20
print (a + b)
```

Out[2]:
```
30
```

In [3]:
```
# セルB
a = 5
print (a + b)
```

Out[3]:
```
25
```

In [4]:
```
# セルC
a = 8
print (a + b)
```

Out[4]:
```
28
```

In [5]:
```
# セルD
b = -1
print (a + b)
```
Out[5]: 7

ここで，セルBに戻って再度評価してみると，次のようになります．

In [6]:
```
# セルB
a = 5
print (a + b)
```
Out[6]: 4

5回目の評価で b の値に -1 が代入されたため，3回目の評価結果と異なりました．

このようにセルをどの順番で評価したかを意識することは重要です．

3.4　入力関数

プログラムの途中で値をキーボードから入力したい場合があります．input() 関数を使うと，プログラムの下に入力ボックスが現れ，キーボードから値（文字列）を入力することができます．

In [1]:
```
a = input("何か文字を入力してください？")
a
```
Out[1]:
```
何か文字を入力してください？こんにちわ
'こんにちわ'
```

input() の注意

input() が実行されると入力ボックスが現れ，入力待ちになります．この状態で他のセルを評価しようとしても評価できません．入力ボックスに

> 入力を行った上で次の操作に移ってください．Jupyter Notebook の反応がなくなっているようにみえる場合，入力待ちの状態か確認が必要です．

input() は文字列を返す関数であるため，数字を入力しても，そのままでは数値の計算には使えません．以下のように数値を入れてもらう計算をする場合には，そのままの式ではエラーになります．

In [1]:
```
a = input("何か数字を入力してください？")
a + 1
```

```
何か数字を入力してください？123
---------------------------------------------------------
TypeError        Traceback (most recent call last)
  Cell In[1], line 2
    1 a = input("何か数字を入力してください？")
  ----> 2 a+ 1

TypeError:  Can't convert 'int' object to str implicitly
```

a は文字列であるため，関数 int() を使って整数に変換する必要があります．

In [2]:
```
a = input("整数を入力してください ")
int(a) + 1
```

Out[2]:
```
整数を入力してください 1212
1213
```

実数として計算する場合には，関数 float() を利用して a を実数に変換します．

In [2]:
```
a = input("実数を入力してください ")
float(a) + 12.3
```

Out[2]:
```
実数を入力してください 1212
1224.3
```

3.5　条件分岐

計算結果などの条件によって処理の流れを変えたい場合，条件分岐のために if 文が使われます．

Python の if 文は次の書式をとります．

In [1]:
```
if 条件式 1:
    条件式 1 が満たされた場合に実行する処理
elif 条件式 2:
    条件式 2 が満たされた場合に実行する処理
else:
    それ以外の場合に実行する処理
```

if（イフ），elif（エルスイフ），else（エルス）と読みます．

以下の点に注意して記述します．

- 条件式の後に「:」（コロン）が必要です．
- 条件が満たされた場合に実行する処理は段付け（インデント）が必要です．

  タブキー Tab やスペース（4 文字）を用いて，段付けします．
- 必要がなければ，elif や else の句は省略できます．

例 点数 a が 60 以上の場合に「合格です」と表示するプログラム

In [1]:
```
s = input ("点数を入力してください ")
a = int(s)
if a >= 60:
    print("合格です")
```

Out[1]:
```
点数を入力してください 68
合格です
```

注意 段付け（インデント）が正しくないとエラーになります．以下の例では `IndentationError: expected an indented block` というエラーになります．

In [2]:
```
s = input ("点数を入力してください ")
a = int(s)
if a >= 60:
print("合格です")
```

```
Cell In [2], line 4
print("合格です")
      ^
IndentationError:  expected an indented block
```

ifを満たしたときの処理範囲

if 文の条件を満たした場合の処理範囲は段付けされた範囲になります．複数行に渡って段付けすることで，複数の処理を実行可能です．

コラム 3 段付けの入力方法

Jupyter Notebook では，改行時に自動的に段付けされます．自分で段付けする場合には，4 文字分の半角スペースを入れます．

タブキー Tab を使うと必要な桁数だけ自動的に段付けされるので便利です．

間違えて全角のスペースを入力すると原因不明のエラーが出ます．このためにもタブキーを使用することを推奨します．

例 点数 a が 60 以上の場合に「合格です」，それ以外の場合に「不合格です」と表示するプログラム

In [3]:
```
s = input ("点数を入力してください ")
a = int(s)
if a >= 60:
    print("合格です")
else:
    print("不合格です")
```

Out[3]:
```
点数を入力してください 55
不合格です
```

例 点数 a が 60 より大きい場合に「合格です」，60 点の場合，「ボーダーライン」，それ以外の場合に「不合格です」と表示するプログラム

In [4]:
```
s = input ("点数を入力してください ")
a = int(s)
if a > 60:
    print("合格です")
elif a == 60:
    print("ボーダーライン")
else:
    print("不合格です")
```

Out[4]:
```
点数を入力してください 60
ボーダーライン
```

3.6　条件式の書き方

if 文の条件式には，比較演算子を記述します．数値の比較では，以下の条件式が用いられます．

表 3.1　比較演算子

比較演算子	例	意味	備考
>	a > b	a が b より大きい	
<	a < b	a が b より小さい	
>=	a >= b	a が b 以上	
<=	a <= b	a が b 以下	
==	a == b	a と b が等しい	イコールを 2 つ記述すること
!=	a != b	a と b が等しくない	エクスクラメーションマーク (!) + イコール (=)

どの演算子でも，真の場合には「True」が，偽の場合には「False」が返ります．

例 数値の比較

In [1]:
```
1 > 3
```
Out[1]: False

In [2]:
```
55.5 > 3.33
```
Out[2]: True

In [3]:
```
3 == 3.0
```
Out[3]: True

In [4]:
```
3 != 5
```
Out[4]: True

論理演算子を使うと複雑な条件を記述できます.

表 3.2 論理演算子

論理演算子	例	意味
and	a and b	a かつ b
or	a or b	a または b
not	not a	a ではない

例 論理演算を使った複雑な条件の例

In [1]:
```
3 > 1 and 5 > 3
```
Out[1]: True

In [2]:
```
not 1 > 3
```
Out[2]: True

In [3]:
```
a = 1
b = 3
c = 5
a > b or c > b
```
Out[3]: True

論理演算子を利用した複雑な条件判断の例を示します.

例 うるう年の計算

うるう年は次のように定められています.

- 西暦年号が4で割り切れる年はうるう年です.
- ただし,4で割り切れても100で割り切れる年は平年(うるう年でない年)です.
- ただし,100で割り切れても400で割り切れる年はうるう年です.

In [1]:
```
# うるう年かどうかを判断する
s = input ("西暦を入力してください?")
y = int(s)
if (y % 4 == 0 and y % 100 != 0 ) or y % 400 == 0:
    print("うるう年です")
else:
    print("うるう年ではありません")
```
Out[1]:
```
西暦を入力してください? 2020
うるう年です
```

コラム4 条件式の and の省略

Python では条件式で **and** を省略して記述することが可能です.次のプログラムでは if 文の条件式に2つの条件が含まれています.

In [1]:
```
a = 5
if 1 < a and a < 10:
    print ("ok")
```

Out[1]: ok

この条件は and を省略して次のようにも記述することができます.

In [2]:
```
a = 5
if 1 < a < 10:
    print ("ok 2")
```

Out[2]: ok 2

一般に Python では式が次のように解釈されます.

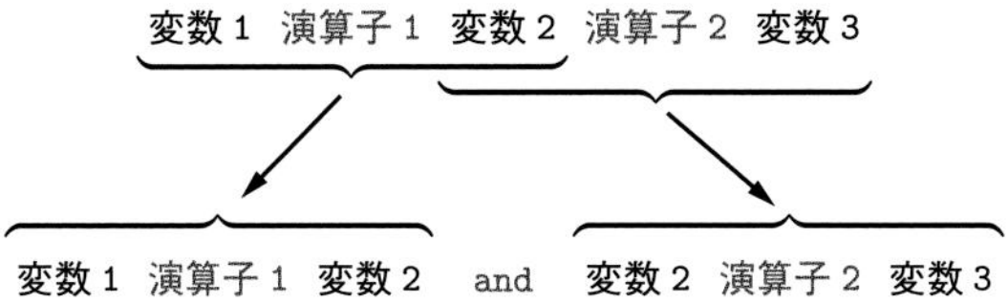

3 個以上の複数の条件を続けて記述することも可能です.

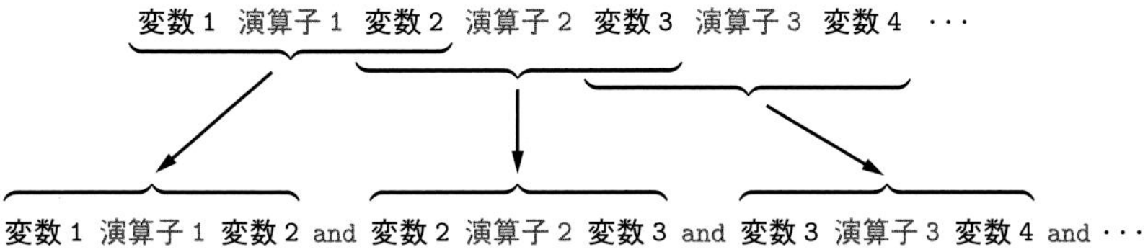

and を省略することで数学に近い表現が可能で便利に見えますが, C 言語や Java など他の言語にはこのような記述方法はありません. Python からプログラミング言語を学ぶ人は注意が必要です.

演習問題

3.1 誕生した世紀の判定

以下の手順で，20 世紀生まれかどうか判断するプログラムを作成しなさい．

1. 変数 y に `input()` で年齢を入力する．
2. 年齢をもとに生年を計算する．
3. 生年をもとに世紀を判断する．
   - もし 20 世紀生まれの場合，「20 世紀生まれ」と表示しなさい．
   - それ以外の場合，「21 世紀生まれ」と表示しなさい．

ヒント：20 世紀は 2000 年までです．

3.2 テストの合格判定

以下の手順で，2 回のテストの結果から，合否判定をするプログラムを作成しなさい．

1. 1 回目のテストの点数 a と 2 回目のテストの点数 b を入力する．
2. a と b の平均を求め h とする．
3. a, b, h を使って合格判定を行う．
   - a, b とも 50 点以上，かつ平均 60 点以上の場合に「合格」と平均点を表示する．
   - それ以外の場合には，「不合格」と表示する．

3.3 BMI と適正体重の判断

以下の手順で，身長と体重から BMI と適正体重を計算するプログラムを作成しなさい．

1. 身長 h〔m〕と体重 w〔kg〕を入力する．
2. 以下の式から BMI (bmi) を計算する．
   $$\mathrm{bmi} = \frac{w}{h^2}$$
3. 以下の式から適正体重 (sw) を計算する．
   $$\mathrm{sw} = h^2 \times 22$$
4. BMI をもとに表 3.3 から肥満の判断を行い，hantei に結果を入れる．
5. 判定結果と標準体重を表示する．

6. 体重と標準体重の差を表示する.

表 3.3　肥満の判定基準

判定	条件
低体重	BMI が 18.5 より小さい場合
普通体重	BMI が 18.5 以上，かつ 25 より小さい場合
肥満度 1	BMI が 25 以上，かつ 30 より小さい場合
肥満度 2	BMI が 30 以上，かつ 35 より小さい場合
肥満度 3	BMI が 35 以上，かつ 40 より小さい場合
肥満度 4	BMI が 40 以上の場合

4 繰り返し

プログラムの基本構造の１つである繰り返しを Python で記述する方法を習得します．

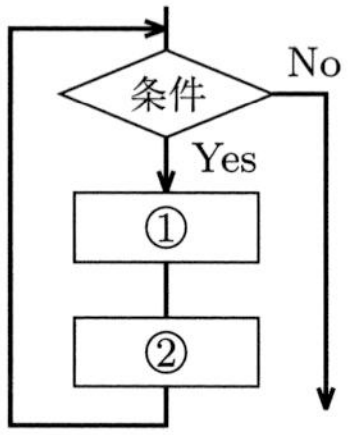

図 4.1 繰り返し処理の流れ

4.1 while 文を使った繰り返し

while 文は与えた条件式を満たしているあいだ，繰り返して命令を実行します．次の書式を用います．

In [1]:
```
while 条件式:
    実行する命令 1
    実行する命令 2
```

次の点に注意して記述します．

- 条件式の後ろには「:」（コロン）を付けます．
- 実行する命令は必ず段付け（インデント）して記述します．
- 段付けされている行は繰り返し実行されます．

例 1から5まで数字を表示する

変数 i を使い，最初に1を設定しておきます．繰り返すたびに i を1だけカウントアップしていき，i が5より大きくなったら while 文から脱出します．i はループカウンタと呼ばれます．

In [1]:
```
i = 1
while i <= 5 :
    print(i)
    i = i + 1
```

Out[1]:
```
1
2
3
4
5
```

例 5回「Hello World」と繰り返して表示する

In [1]:
```
i = 1
while i <= 5 :
    print("Hello World")
    i = i + 1
```

Out[1]:
```
Hello World
Hello World
Hello World
Hello World
Hello World
```

注意 上記で，条件式を間違えたり，変数 i を増加させる行を忘れると，処理が終わらなくなります．この状態は「無限ループ」と呼ばれます．

```
In [1]: i = 1
        while i <= 5 :
            print(i)

Out[1]: 1
        1
        1
        1
        ⋮
```

この場合，Jupyter Notebook のショートカットで，停止「■」を押して停止します（図 4.2）.

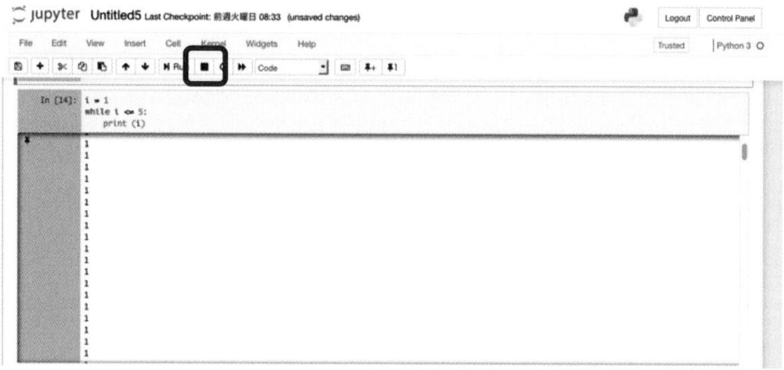

図 4.2　Jupyter Notebook でプログラムを停止する方法

無限ループに注意

無駄に CPU を使用するので，なるべく無限ループが発生しないようにしてください．もし無限ループが発生してしまったら，直ちに停止してください．Jupyter Notebook ではブラウザーを閉じてもプログラムは動作し続けます．

また，最初から条件を満たさないプログラムは，一度もループせずにそのまま終了します．

例 一度もループしない例

In [1]:
```
i = 1
while i > 5 :
    print(i)
    i = i + 1
```

Out[1]:

`i` は 1 になっており，while 文で `i > 5` の条件を満たさずにすぐに計算が終わります．

4.2 for 文を使った繰り返し

繰り返し実行をする別の方法として，for 文を使うことができます．for 文では，繰り返したい要素を与えると，その要素の数だけループを繰り返します．

あらかじめ作成してあるリストに対して同じ処理を実行したい場合によく用いられます（リストに関しては，詳しくは第 5 章で説明します）．

for 文を使った繰り返しでは，次の書式を用います．

In [1]:
```
for 変数 in シーケンス:
    実行する命令 1
    実行する命令 2
```

次の点に注意して記述します．

- 繰り返しで使用する「変数」を指定します．
- 変数とシーケンスの間に「`in`」というキーワードを入れます．
- シーケンスの後ろには「:」（コロン）を付けます．
- 実行する命令は必ず段付け（インデント）して記述します．
- 段付けされている行は段付けの終わりの行まで繰り返し実行されます．

例 繰り返しを使って，1 から 5 までの数字を印字

```
In [1]: for i in [ 1, 2, 3, 4, 5 ] :
            print(i)

Out[1]: 1
        2
        3
        4
        5
```

シーケンスにある要素の数だけ繰り返します．シーケンスの中身は数字でなくても構いません．

```
In [1]: for i in [ "Jan","Feb","Mar" ]:
            print(i)

Out[1]: Jan
        Feb
        Mar
```

for 文の繰り返しで与えるシーケンスの生成には，range() を使うと便利です．range() は指定したパラメータに従い，シーケンスを生成する関数です．表 4.1 に range() の使い方とその例を示します．

表 4.1　range() の呼び出し方法

関数呼び出し	意味	例	結果
range(p_1)	0 以上，p_1 未満の整数列	range(4)	0, 1, 2, 3
range(p_1, p_2)	p_1 以上，p_2 未満の整数列	range(2, 5)	2, 3, 4
range(p_1, p_2, p_3)	p_1 以上，p_2 未満，p_3 間隔の整数列	range(2, 10, 3)	2, 5, 8

```
In [1]: # 1-5 までのシーケンスを生成する
        range(1, 6)

Out[1]: range(1,6)
```

In [2]:
```
# list() を使ってシーケンスの中身を確認する
list(range(1, 6))
```

Out[2]:
```
[1, 2, 3, 4, 5]
```

range() の生成するシーケンスは，2 番目の引数(ひきすう)を含まないことに注意してください．

In [3]:
```
for i in range(0, 5):
    print(i)
```

Out[3]:
```
0
1
2
3
4
```

range() の 3 番目の引数を使うと，生成する数値の増分を指定することができます．

In [4]:
```
for i in range(0, 60, 10):
    print(i)
```

Out[4]:
```
0
10
20
30
40
50
```

4.3 繰り返しを使った数値計算

例 1 から 100 までの数字を改行なしで印字する

```
In [1]: for i in range(1, 101) :
            print(i, end= " ")
```

```
Out[1]: 1 2 3 4 5 6 7 8 9 10 11 12 13 14 15 16 17 18 19 20 21
        22 23 24 25 26 27 28 29 30 31 32 33 34 35 36 37 38 39
        40 41 42 43 44 45 46 47 48 49 50 51 52 53 54 55 56 57
        58 59 60 61 62 63 64 65 66 67 68 69 70 71 72 73 74 75
        76 77 78 79 80 81 82 83 84 85 86 87 88 89 90 91 92 93
        94 95 96 97 98 99 100
```

print 文で改行したくない場合には，最後の引数として「`end=" "`」をつけます．画面では，右端までくると改行されます．

コラム5　関数の引数の調べ方

関数の引数を調べるには，Code セルに「関数名?」を入力して評価します．画面の下に次のような説明が出ます．

```
In [1]: print?
```

```
Docstring:
print(value, ..., sep=' ', end='\n', file=sys.stdout, flush=False)

Prints the values to a stream, or to sys.stdout by default.
Optional keyword arguments:
file:  a file-like object (stream); defaults to the current sys.stdout.
sep:   string inserted between values, default a space.
end:   string appended after the last value, default a newline.
flush: whether to forcibly flush the stream.
Type:  builtin_function_or_method
```

「`Docstring`」は関数作成者が記述した説明です．次の行の `print()` の括弧内には関数の引数が記載されています．`print` の場合には，表示したいものを「`value, ...`」として複数指定できることがわかります．

「`Optional keyword arguments:`」は「キーワード引数」と呼ばれます．関数を呼び出す際の引数として「キーワード`=XX`」のように記述します．指定しないと，説明に書かれているものが指定されたと見なして実行されます．

たとえば，キーワード「`end`」は省略時に改行`'\n'`が指定されていることがわかります．改行をしないように変更するためには，引数の最後に「`end=' '`」を指定します．

例 range() を使い，1 から 10 までの数字の合計を求める

In [1]:
```
s = 0
for i in range(1, 11) :
    s = s + i
print(s)
```

Out[1]:
```
55
```

繰り返しの内，外？

最後の print() 文は繰り返しの段付けに含まれていない点に注意してください．この部分は，繰り返しの処理で合計の計算が終わった後に実行されます．

繰り返しを使って，連続して数値演算を行う例を示します．

例 繰り返しを使って，x を 0 から 10 まで 1 ずつ変化させて，各 x の値に対する x^2 の値を計算し，x と x^2 の表示を行う

In [1]:
```
for x in range(11):
    print(x, x** 2)
```

Out[1]:
```
0 0
1 1
2 4
3 9
4 16
5 25
6 36
7 49
8 64
9 81
10 100
```

例 繰り返しを使って，x を 1 から 20 まで 1 ずつ変化させて，各 x の値に対する $\sqrt{x}$ の値を計算し，x と $\sqrt{x}$ の表示を行う

In [1]:
```
import math
for x in range(1, 21):
    print (x, math.sqrt(x))
```

Out[1]:
```
1 1.0
2 1.4142135623730951
3 1.7320508075688772
4 2.0
5 2.23606797749979
6 2.449489742783178
7 2.6457513110645907
8 2.8284271247461903
9 3.0
10 3.1622776601683795
11 3.3166247903554
12 3.4641016151377544
13 3.605551275463989
14 3.7416573867739413
15 3.872983346207417
16 4.0
17 4.123105625617661
18 4.242640687119285
19 4.358898943540674
20 4.47213595499958
```

例 繰り返しを使って，x を 0° から 90° まで 5° 刻みで変化させて，各 x の値に対する $\sin x$ の値を計算し，x と $\sin x$ の表示を行う

In [1]:
```
import math
for x in range(0, 91, 5):
    print (x, math.sin(math.radians(x)))
```

```
Out[1]:  0 0.0
         5 0.08715574274765817
         10 0.17364817766693033
         15 0.25881904510252074
         20 0.3420201433256687
         25 0.42261826174069944
         30 0.49999999999999994
         35 0.573576436351046
         40 0.6427876096865393
         45 0.7071067811865475
         50 0.766044443118978
         55 0.8191520442889917
         60 0.8660254037844386
         65 0.9063077870366499
         70 0.9396926207859083
         75 0.9659258262890683
         80 0.984807753012208
         85 0.9961946980917455
         90 1.0
```

例 九九の表の作成

次の手順で，繰り返しを使って，九九の表を作成しなさい．

- for 文 (1) で dan という変数に 1 から 9 までのリストの値を代入する．
    - ◇ for 文 (2) を作り gyo という変数に 1 から 9 までのリストの値を代入する．
        - ▷ dan × gyo を計算し，結果を改行なしで表示する．
    - ◇ 行が終了したら改行する．

上記をプログラムで示します．

```
In [1]:  for dan in range(1,10):
             for gyo in range(1,10):
                 print (dan * gyo, end=" ")
             print()
```

```
Out[1]:  1 2 3 4 5 6 7 8 9
         2 4 6 8 10 12 14 16 18
         3 6 9 12 15 18 21 24 27
         4 8 12 16 20 24 28 32 36
         5 10 15 20 25 30 35 40 45
         6 12 18 24 30 36 42 48 54
         7 14 21 28 35 42 49 56 63
         8 16 24 32 40 48 56 64 72
         9 18 27 36 45 54 63 72 81
```

for 文が 2 重になっている点に注意してください．2 段目のループの処理を記述するためには，2 重に段付け（8 文字分の段付け）を行う必要があります．

多重の繰り返し

繰り返しを入れ子にする手法は，頻繁に使われます．以下に九九の計算のフローチャートを示します．「九九の表の行」を計算する繰り返しを「九九の表の段」の計算の繰り返しに「入れ子」にしています．

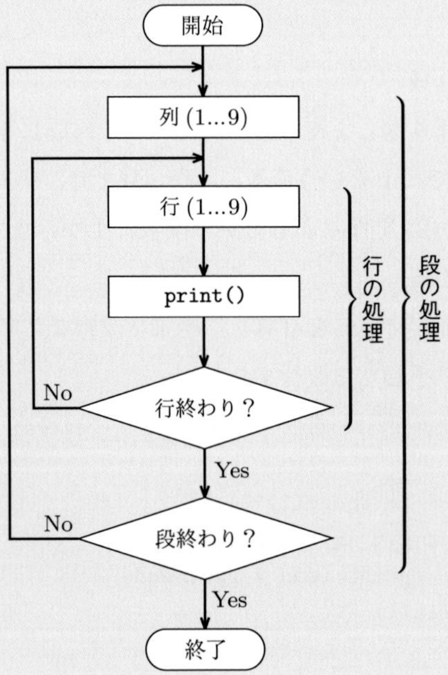

演 習 問 題

4.1　while 文を使う

while 文を使い，1 から 10 までの合計を求めるプログラムを書きなさい．

4.2　for 文を使う

for 文を使い，10 から 1 まで逆順で合計を求めるプログラムを書きなさい．

4.3　九九の表の桁を揃えて表示する

「%」演算子を使うと，桁を揃えて数字や文字を表示することができます．

```
# 3桁の数字で表示する
 print("%3d" % 数字)
```

ここで，書式として"%3d"で 3 桁の十進表示を指定しています．

上記を使って，九九の表の桁を揃えて綺麗に表示するようにしなさい．

```
 1  2  3  4  5  6  7  8  9
 2  4  6  8 10 12 14 16 18
 3  6  9 12 15 18 21 24 27
 4  8 12 16 20 24 28 32 36
 5 10 15 20 25 30 35 40 45
 6 12 18 24 30 36 42 48 54
 7 14 21 28 35 42 49 56 63
 8 16 24 32 40 48 56 64 72
 9 18 27 36 45 54 63 72 81
```

4.4　二重ループ処理

変数 x, y を使った for 文の二重ループで，次に示す市松模様を書きなさい．

```
* - * - * - * - * -
- * - * - * - * - *
* - * - * - * - * -
- * - * - * - * - *
* - * - * - * - * -
- * - * - * - * - *
* - * - * - * - * -
- * - * - * - * - *
* - * - * - * - * -
- * - * - * - * - *
```

計算の手順は次の通りとしなさい．

- for 文で変数 x に 0 から 9 までの値を順に代入する．
  - ◇ for 文で変数 y に 0 から 9 までの値を順に代入する．
    - ▷ もし，$x+y$ が 2 で割り切れるなら，改行せずに「`*`」を出力する．
    - ▷ それ以外の場合には，改行せずに「`-`」を出力する．
  - ◇ `print()` で改行する．

4.5　sin(x) の文字によるプロット

x を 0° から 360° まで 10° 刻みに変化させて，各 x の値に対する $\sin(x)$ の値を計算し，図 4.3 に示すように，アスタリスク「`*`」でプロットしなさい．

計算の手順は次の通りとしなさい．

- for 文で変数 i に 0° から 360° まで 10° 刻みの値を順に代入する．
  - ◇ $\sin(i)$ の値を計算して，変数 s に代入する．
    ただし，i は度数表示なので，弧度法に変換してから計算すること．
  - ◇ 出力するべき空白の数 ns を次の式で計算する．

    $$20 * (1 + \sin(s))$$

  - ◇ 出力する空白文字 sp を次の式で計算する．

    $$" " * ns$$

  - ◇ `print()` で $i, sp,$ アスタリスク「`*`」を表示する．

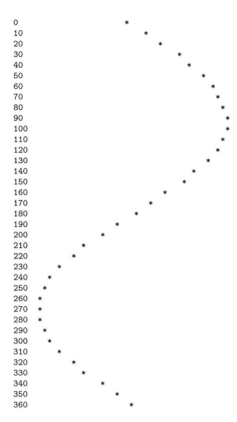

```
0                      *
10                         *
20                            *
30                                *
40                                  *
50                                     *
60                                       *
70                                        *
80                                         *
90                                          *
100                                         *
110                                        *
120                                       *
130                                     *
140                                  *
150                                *
160                            *
170                         *
180                      *
190                  *
200               *
210           *
220         *
230      *
240    *
250   *
260  *
270  *
280  *
290   *
300    *
310      *
320         *
330           *
340               *
350                  *
360                     *
```

図 4.3　$\sin(x)$ の文字によるプロット

5 データ型（リスト，辞書）

これまで，数値や文字などのデータを扱ってきました．本章では，データをまとめて扱う場合に利用するデータ型について習得します．

5.1 リスト

数値や文字などの複数のデータを順番に並べたものを「リスト」と呼びます．リストは基本的なデータ型の１つです．リストでは要素の順番が維持されます．

5.1.1 リストの作成

リストは，カギ括弧 ([ ]) とカンマ (,) を用いて表されます．

In [1]:
```
[要素 1, 要素 2, 要素 3, ....]
```

例 都市のリストを作成し，変数 cities に代入します．

In [1]:
```
cities = [ "札幌", "仙台", "東京", "名古屋", "大阪",
"福岡", "那覇"]
cities
```

Out[1]:
```
['札幌', '仙台', '東京', '名古屋', '大阪', '福岡', '那覇']
```

ヒント cities の後ろに「?」をつけて評価すると変数の説明が表示されます．この手法はコラム 5 と同じですが，変数に対しても使えるので覚えておくと便利です．

In [2]:
```
cities?
```

```
Type:  list
String form:  ['札幌', '仙台', '東京', '名古屋', '大阪',
'福岡', '那覇']
Length:  7
Docstring:
list() -> new empty list
list(iterable) -> new list initialized from iterable's items
```

例 都市の平均気温のリストを作成し，変数 temps に代入します．

In [3]:
```
temps = [8.0, 11.9, 15.3, 14.9, 16.2, 16.0, 22.4]
temps
```

Out[3]:
```
[8.0, 11.9, 15.3, 14.9, 16.2, 16.0, 22.4]
```

リストの中にはどのようなデータでも入れることができます．

例 数値と文字の混在したリスト

In [4]:
```
mix = [1.0, "abc", 5]
mix
```

Out[4]:
```
[1.0, 'abc', 5]
```

5.1.2 リストの要素の取り出し

リストの中から要素を取り出すには，何番目の要素かを示す「インデックス」を利用します．

インデックスは 0 から始まる

リストには順序がありインデックスで参照します．インデックスは0から始まることに注意してください．最初の要素のインデックスは0になります．最後の要素のインデックスは「リストに含まれる要素数（リストの長さ）－1」になります．

例 cities の最初の要素を取り出すには，以下の式を使います.

```
In [1]: cities[0]
```

```
Out[1]: '札幌'
```

```
In [2]: citie[3]
```

```
Out[2]: '名古屋'
```

リストに含まれる要素の数をリストの長さと呼びます．cities は長さが 7 のリストなので，インデックスとして 0 から 6 を指定できます．インデックスにそれより大きな数を指定するとエラーになります

```
In [3]: cities[7]
```

```
---------------------------------------------------
IndexError      Traceback (most recent call last)
Cell In[3],line 1
----> 1 cities[7]

IndexError:  list index out of range
```

リストの長さの確認には，関数 `len()` を使います.

```
In [4]: len(cities)
```

```
Out[4]: 7
```

5.1.3　リストを使った処理の例

for 文を使うとリストの要素を順番に取り出して，処理を行うことができます．リストは，そのまま for 文の変数の範囲として利用できます.

例 リスト cities の要素をすべて印字するプログラム

In [1]:
```
# cities から 1 つ要素を取り出し, city に代入する
for city in cities:
    print (city)
```

Out[1]:
```
札幌
仙台
東京
名古屋
大阪
福岡
那覇
```

例 リスト temps を使って，都市の最大気温を求める

In [1]:
```
mx = -100    #気温の最大を保持するための変数
for temp in temps:
    if temp > mx:
      mx = temp
 # 最後に最大値を出力する
print (mx)
```

Out[1]:
```
22.4
```

例 リスト temps を使って，都市の最小気温を求める

In [1]:
```
mx = 100    #気温の最小を保持するための変数
for temp in temps:
    if temp < mx:
      mx = temp
 # 最後に最小値を出力する
print (mx)
```

Out[1]:
```
8.0
```

例 リスト temps を使って，すべての都市の気温の平均を求める

In [1]:
```
total = 0    #気温の合計を積算するための変数
for temp in temps:
    total += temp  複合演算子+=を使って気温を積算値に足す
 # 最後に合計/個数を計算する
print (total / len(temps) )
```

Out[1]:　14.957142857142856

5.1.4　リスト要素の追加削除

append() を使うと，リストの最後に要素を追加することができます．

In [1]:
```
# リストの最後に，"室蘭"を追加
cities.append("室蘭")
```

In [2]:
```
cities
```

Out[2]:　['札幌', '仙台', '東京', '名古屋', '大阪',
'福岡', '那覇', '室蘭']

In [3]:
```
len(cities)
```

Out[3]:　8

リストの要素を書き換えるには，インデックスを使って書き換える要素を指定して代入します．

In [4]:
```
# リストの7番目の要素を"群馬"に書き換える
cities[6] = ("群馬")
```

In [5]:
```
cities
```

Out[5]:　['札幌', '仙台', '東京', '名古屋', '大阪',
'福岡', '群馬', '室蘭']

リストから要素を削除するには del を使用します.

In [6]:
```
del cities[0]   # citiesの最初の要素を削除
cities
```

Out[6]:
```
['仙台', '東京', '名古屋', '大阪', '福岡',
 '群馬', '室蘭']
```

なお，リストの番号は 1 つずつ繰り上がります.

5.1.5 リストに対する演算

数値のリストの場合，表 5.1 に示すように，リスト内の数値を計算する便利な関数があります.

表 5.1 数値リストの処理関数

関数	意味
max(*list*)	最大値
min(*list*)	最小値
sum(*list*)	合計値

リスト temps を使って計算してみます.

In [1]:
```
max(temps)
```

Out[1]:
```
22.4
```

In [2]:
```
min(temps)
```

Out[2]:
```
8.0
```

In [3]:
```
sum(temps)
```

Out[3]:
```
104.69999999999999
```

平均気温は次の式で簡単に計算することができます.

In [1]:
```
sum(temps) / len(temps)
```

```
Out[1]:  14.957142857142856
```

5.1.6 リストのリスト

リストの要素としてリストを入れることができます．

例 都市名と平均気温のリストを要素としたリストを作成

```
In [1]:  cityinfo = [[ "札幌", 8.0], ["仙台", 11.9], ["東京", 15.3],
         ["名古屋", 14.9], ["大阪", 16.2], ["福岡", 16.0],
         ["那覇", 22.4]]
         cityinfo
```

```
Out[1]:  [['札幌', 8.0],
          ['仙台', 11.9],
          ['東京', 15.3],
          ['名古屋', 14.9],
          ['大阪', 16.2] ,
          ['福岡', 16.0] ,
          ['那覇', 22.4]]
```

リスト cityinfo の要素は次のように取り出すことができます．

```
In [2]:  cityinfo[0]  # 最初の要素（リスト）
```

```
Out[2]:  ['札幌', 8.0]
```

```
In [3]:  cityinfo[3]  # 4番目の要素（リスト）
```

```
Out[3]:  ['名古屋', 14.9]
```

```
In [4]:  cityinfo[3][0]  # 4番目の要素（リスト）の一番目（都市名）
```

```
Out[4]:  '名古屋'
```

リスト cityinfo から都市名だけを表示します．具体的には，for 文を使ってリスト cityinfo から順番に都市と気温のリストを取り出し，その一番目の要素（都市名）を表示します．

In [5]:
```
for city in cityinfo:
    print (city[0])
```

Out[5]:
```
札幌
仙台
東京
名古屋
大阪
福岡
那覇
```

リスト cityinfo から平均気温だけを表示します．具体的には，for 文を使ってリスト cityinfo から順番に都市と気温のリストを取り出し，その 2 番目の要素（平均気温）を表示します．

In [6]:
```
for city in cityinfo:
    print (city[1])
```

Out[6]:
```
8.0
11.9
15.3
14.9
16.2
16.0
22.4
```

5.2 辞　書

リストでは，インデックスを利用して要素を取り出すことができました．辞書では，インデックスの代わりに，キーを使って要素を取り出すことができます．

辞書にはキーを使う

辞書のデータには順序がありません．辞書のデータを参照するにはキーを指定します．一つの辞書に，同じ（重複した）キーは登録できません．

5.2.1　作成方法

辞書は中括弧（または波括弧）「{}」を使い，次の形式で作成します．

```
In [1]: { キー1:値1, キー2:値2, ....}
```

キーには文字列や数字を指定することができます．キーの重複はできません．キーが重複した場合，後から指定した値に上書きされます．

例 都市の平均気温を辞書 temperature として作成します．辞書のキーとして文字列の都市名を使っています．

```
In [1]: temperature = { "札幌":8.0,"仙台":11.9,"東京":15.3,
        "名古屋":14.9,"大阪":16.2,"福岡":16.0,"那覇":22.4}
        temperature

Out[1]: {'札幌': 8.0,
        '仙台': 11.9,
        '東京': 15.3,
        '名古屋': 14.9,
        '大阪': 16.2,
        '福岡': 16.0,
        '那覇': 22.4}
```

5.2.2　要素の参照

辞書では，キーを使って直接要素を取り出すことができます．辞書に格納された要素を参照するためには次の形式を使います．

```
In [1]: 辞書名 [キー]
```

```
In [2]: temperature["札幌"]

Out[2]: 8.0
```

```
In [3]: temperature["福岡"]

Out[3]: 16.0
```

辞書に含まれていないキーを指定した場合，エラーになります．

In [4]:
```
temperature["長崎"]
```

```
---------------------------------------------------------
KeyError      Traceback (most recent call last)
Cell In [4], line 1
----> 1 temperature["長崎"]

KeyError: '長崎'
```

上記の辞書では，都市名をキーにしているため，都市名から平均気温を求めることができます．逆に平均気温から都市名を求めることはできません．

5.2.3 要素の追加

辞書に新たに要素を追加するには，キーを指定して代入します．

In [1]:
```
temperature["長崎"] = 21.4
temperature
```

Out[1]:
```
{'札幌': 8.0,
'仙台': 11.9,
'東京': 15.3,
'名古屋': 14.9,
'大阪': 16.2,
'福岡': 16.0,
'那覇': 22.4,
'長崎': 21.4}
```

既に要素がある場合には，値が更新（上書き）されます．

5.2.4 要素の削除

辞書から要素を削除するためには，pop() を使います．

In [1]:
```
temperature.pop("長崎")
```

Out[1]:
```
21.4  # 長崎の値が返され，長崎のデータは temperature から削除される.
```

In [2]:
```
temperature
```

```
Out[2]:  {'札幌':  8.0,
          '仙台':  11.9,
          '東京':  15.3,
          '名古屋':  14.9,
          '大阪':  16.2,
          '福岡':  16.0,
          '那覇':  22.4}
```

5.2.5 辞書の検索

リストと同様に，辞書に対して演算子 in を使うことで，要素があるかどうか調べることができます．

```
In [1]:  "大阪" in temperature
```

```
Out[1]:  True
```

```
In [2]:  "山形" in temperature
```

```
Out[2]:  False
```

例 input 文で入力した都市を検索して平均気温を出力します．

```
In [1]:  k = input("都市名 = ?")
         print(k, temperature[k])
```

```
Out[1]:  都市名 = ?  仙台
         仙台 11.9
```

例 上記プログラムでは，辞書にない都市名を入れるとエラーになります．そこで，辞書にあるかどうか調べてから平均気温を出力します．

```
In [1]:  k = input("都市名 = ?")

         if k in temperature:
             print(k, temperature[k])
         else:
             print("都市名が見つかりません ", k )

Out[1]:  都市名 = ?  福島
         都市名が見つかりません 福島
```

5.2.6　辞書を使った繰り返し

for 文を使うと，要素すべてについての処理を行うことができます．

例 辞書のデータを表示する

```
In [1]:  for city in temperature:
             print (city, temperature[city])

Out[1]:  札幌 8.0
         仙台 11.9
         東京 15.3
         名古屋 14.9
         大阪 16.2
         福岡 16.0
         那覇 22.4
```

演　習　問　題

5.1　リストの分散

n 個のデータ $x_1, x_2, \ldots, x_n$ の平均を $\overline{x}$ としたときに分散 V は次の式で得られます．

$$V = \frac{1}{n}\sum_{i=1}^{n}(x_i - \overline{x})^2 \tag{5.1}$$

次に示すリスト data が与えられたときに，分散を求めるプログラムを作成しなさい．

```
In [1]: data = [ 63, 26, 91, 99, 38, 21, 19, 99, 87, 44, 62,
            45, 2, 23, 61, 7, 61, 59, 55, 8, 73, 6, 63, 22,
            25, 20, 4, 69, 17, 44, 66, 90, 77, 29, 53, 44, 23,
            1, 57, 0, 83, 89, 66, 79, 99, 26, 68, 89, 84, 60 ]
```

5.2　リストの標準偏差

n 個のデータ $x_1, x_2, \ldots, x_n$ の平均を $\overline{x}$ としたときに標準偏差 σ は次の式で得られます．

$$\sigma = \sqrt{\frac{1}{n}\sum_{i=1}^{n}(x_i - \overline{x})^2} \tag{5.2}$$

次に示すリスト data が与えられたときに，標準偏差を求めるプログラムを作成しなさい．

```
In [1]: data = [ 7.09, 3.5, 3.36, 7.71, 6.38, 7.9, 6.18, 5.54,
        0.21, 5.58, 1.43, 8.31, 5.41, 5.13, 1.02, 9.67, 5.17,
        9.65, 9.97, 6.7, 5.97, 5.43, 4.55, 6.36, 2.15, 4.34,
        8.21, 8.32, 6.72, 9.57, 4.31, 2.04, 8.02, 3.06, 6.13,
        3.61, 6.92, 8.82, 7.08, 0.51, 5.74, 9.64, 0.11, 9.85,
        5.42, 6.32, 0.67, 6.46, 1.9, 2.43 ]
```

5.3　リストのリストの計算 1

次の，[都市名，平均気温] のリストから平均気温の一番低い値を算出するプログラムを作成しなさい．

```
In [1]: cityinfo =
            [[ "札幌", 8.0], ["仙台", 11.9], ["東京", 15.3],
            ["名古屋", 14.9], ["大阪", 16.2], ["福岡", 16.0],
            ["那覇", 22.4]]
```

5.4　リストのリストの計算 2

上のリストから平均気温の一番高い都市名とその平均気温を算出するプログラムを作成しなさい．

5.5　リストのリストを使った九九の表作成

リストのリストを使って，九九の表を作成しなさい．

作成した九九の表を参照して，入力した 2 つの値のかけ算をしなさい．

5.6　辞書を使った都市の平均気温プログラムの改造

5.2.5 項で作成した都市の平均気温を表示するプログラムを，次のように改造しなさい．

1. 都市名を入力する．
2. 辞書にある都市名が入力された場合，平均気温を出力する．
3. 辞書にない都市名が入力された場合，平均気温を入力し，辞書に登録する．

6 関　数

6.1　関数とは

関数 (function) は，よく利用する機能をまとめて再利用できるようにする仕組みです．処理の一部を行う副プログラムの意味で，サブルーチンとも呼ばれることがあります．大きなプログラムを作成する場合には，そのまま作成するのではなく，機能に分割しプログラムを分けて作成する方法が採られます．機能を分割する目的で関数が利用されます．

関数を使うメリットは次の通りです．

- **再利用性**
  何度も同じ処理を実行する必要がある場合や，類似した処理を記述する場合には，関数としてまとめておくと再利用しやすくなります．
- **維持管理のしやすさ**
  関数を使わずに，同じ処理のコピーを複数回プログラムの中に入れておくと，処理の一部に変更があった場合，複数の箇所を変更する必要が生じて間違えやすくなります．関数としてまとめておけば，一箇所の変更で済みます．
- **見通しの良さ**
  処理が複雑になり，画面に収まりきれないほどになると，全体の処理の見通しが悪くなり，誤りが生じやすくなります．処理の一部を関数として切り出すことで，全体の処理の見通しが良くなります．

図 6.1 に繰り返し利用する処理を切り出して，関数としてまとめるイメージを示します．全体のプログラムも短くなり，見通しも良くなります．

本書では，関数であることを示すために，関数名の後に括弧 () を付けた表記

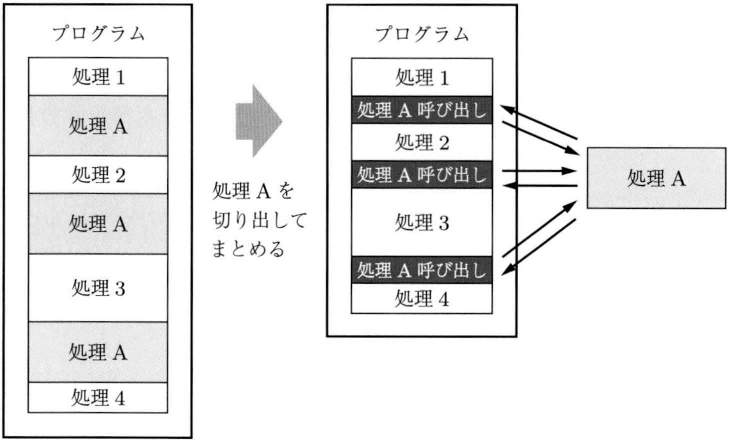

図 6.1 処理の切り出しと関数化

をします.

これまで使ってきた，`print()` や `range()` なども関数です．また，math モジュールで使った算術演算も関数として実現されています.

6.1.1 関数を定義する方法

関数を定義する場合には次の書式を利用します.

In [1]:
```
def 関数名 ( 引数 1, 引数 2 ...)  :
    関数本体
    実行する命令 1
    実行する命令 2
        ⋮
    return 戻り値
```

表記上の注意点を以下に示します.

- `def` は define の略で，関数の定義を示しています.
- 関数名の命名規則は変数名と同じです.
- 引数は関数を呼び出す時に指定するパラメータ（変数）です.
- 関数本体は段付けして記述します．段付けが終わるまでがその関数の定義範囲になります.

- 戻り値を指定する場合には，return 文を使います．return 文で処理は終了します．

関数を呼び出す場合，式の右辺に関数を記載し，返された値を変数に代入します．また，関数で計算した値が必要ない場合には，「関数名 ()」と記述して呼び出すことができます．また，Jupyter Notebook の場合，関数からの戻り値は Out[] の欄に表示されます．

6.1.2 関数の名前の付与方法

関数名は，命名規則に従っていれば自由につけることができます．しかし，何をする関数であるか見当がつくようなわかりやすい名称を付与しておくことが重要です．

関数を定義する際に，その処理内容やパラメータなどをコメントとして記述しておくと，再利用する場合に便利です．将来見返すときや他人が見たときに理解しやすいコードになるよう心掛けましょう．

6.1.3 関数の定義

例 関数の定義の例

奇数かどうかを返す関数 isodd() を定義します．

In [1]:
```
def isodd(x):
    if (x % 2) == 1:
        return True
    else:
        return False
```

In [2]:
```
isodd(5)  # isodd を引数 5 で呼び出す
```

Out[2]: True

In [3]:
```
isodd(8)  # isodd を引数 8 で呼び出す
```

Out[3]: False

引数 x を与えないと，TypeError というエラーが発生します．

In [4]:
```
isodd()  # isodd を引数なしで呼び出す
```

```
---------------------------------------------
TypeError    Traceback (most recent call last)
Cell In[4], line 1
 ----> 1 isodd()

TypeError: isodd() missing 1 required positional argument: 'x'
```

6.1.4 仮引数と実引数

関数定義の際に用いた「引数」は「仮引数」とも呼ばれます．仮引数はその関数の中でのみ有効な変数です．他の関数内の変数やグローバル変数と同じ名前をつけても，別の変数として扱われます．また，仮引数を関数内で変更しても，関数の外には影響しません．

例 関数 test() を定義します．仮引数として x を受け取り，関数内で 1 を足した後，その値を返しています．

In [1]:
```
def test(x):
    x = x + 1
    return x
```

次にグローバル変数 x に 0 を代入します．

In [2]:
```
x = 0
```

セル [2] で定義した x を実引数として test() を呼び出します．結果としては 1 が返されます．

In [3]:
```
test(x)
```

Out[3]: 1

グローバル変数 x を評価すると 0 のままです．

In [4]:
```
x
```
Out[4]: 0

実際に関数を実行する際に渡す引数は「実引数」と呼ばれ，仮引数とは区別されます．

6.1.5　値を返さない関数

値を返す必要がない場合，値を返さない関数を定義することもできます．

- return 文だけを記述した場合，何も値は返されずに処理が終了します．
- 関数の最後に到達した場合には，何も値は返されません．

計算結果を表示する関数は値を返さないため Out[] として出力されません．

例 引数の前後に説明をつけて出力する関数

In [1]:
```
def myprint(x):
    print ("点数は", x, "です")
```
In [2]:
```
myprint(123)
```
```
点数は 123 です
```

例 上の関数で，点数が 100 の場合に満点ですと表示する

In [1]:
```
def myprint(x):
    print ("点数は", x, "です")
    if x != 100:
        return
    print ("満点です")
```
In [2]:
```
myprint(100)
```
```
点数は 100 です
満点です
```

コラム 6 関数の引数の数に注意

関数定義の際に引数を指定しますが，関数呼び出し時には定義した数の引数と同じ数の値を渡す必要があります．

2 つの引数をとる関数に 1 つの値を渡すと TypeError が発生します．

In [1]:
```
def f(a,b):       # 関数 f() は引数を 2 つとる
    return(a + b * 2)
```

In [2]:
```
f(5,2)   # 引数 2 つで呼び出す
```

Out[2]: 9

In [3]:
```
f(5)   # 引数 1 つで呼び出す
```

```
--------------------------------------------------
TypeError         Traceback (most recent call last)
Cell In [3], line 1
----> 1 f(5,1)

TypeError:  f() f() missing 1 required positional
argument:  'b'
```

上記では引数 a, b は呼び出しの順番に対応づけられます．このような引数は「位置引数」Positional Arguments と呼ばれます．

これに対して，呼び出し時の記述の順番によらず，関数定義で使用した引数の名前を指定することが可能です．この表記方法は「キーワード引数」と呼ばれます．

In [4]:
```
f(b = 1, a = 2)
```

Out[4]: 4

キーワード引数を使った場合でも，a, b 両方が指定されていないとエラーになります．

6.2 関数を書いてみよう

例 入力された2つの数字を比較して大きな数字を返す関数

In [1]:
```
def max(x, y):
    if x > y:
        return x
    else:
        return y
```

In [2]:
```
max(10, 35)
```

Out[2]: 35

In [3]:
```
max(-10, -34.5)
```

Out[3]: -10

6.3 ローカル変数とグローバル変数

関数の中で定義されている変数は，ローカル変数 (local variable) と呼ばれ，その関数の中だけで利用が可能です．これに対して，関数の外で定義された変数は，Notebook 中ではどこでも有効で，グルーバル変数 (global variable) と呼ばれます．

ローカル変数の有効範囲は関数内に限定されるため，他の関数でどのような変数名を使っているか意識する必要がありません．もしローカル変数の機能がないと，すべての関数の中で使ってる変数名を調べて，競合しないようにすることが必要になり，大幅に生産性が下がります．

関数とグローバル変数

一般に，関数内の計算でグローバル変数を参照することは推奨されません．関数内で計算に必要なパラメータは関数の引数で受け取るようにしま

> す．また，グローバル変数を書き換えたい場合には，関数で値を返して，呼び出した側でグローバル変数に値を代入します．

ローカル変数とグルーバル変数で同じ変数名を使った場合，どちらが参照されるか注意が必要です．下の例では，グローバル変数 x とローカル変数 x は別の変数として扱われています．

In [1]:
```
x = 100   # グローバル変数
def setX(a):      # 関数 setX() を定義
    x = a   # x はローカル変数で上の x とは別のもの
    print (x)
```

In [2]:
```
setX(5)  # 関数 setX() を実行
```

Out[2]: 5

In [3]:
```
x  # グローバル変数を参照
```

Out[3]: 100

他方，次の例の x のように，関数内で代入が行われないような変数があり，それと同じ名前のグローバル変数が定義されている場合には，グローバル変数が参照されます．

In [4]:
```
x = 100   # グローバル変数
def printX():      # 関数 printX() を定義
     # x = a # 代入しない
    print (x)
printX()  # 関数 printX() を実行
```

Out[4]: 100

このように，関数内で変数への代入有無によって，変数の扱いが変わるので，注意が必要になります．

もし，グローバル変数を関数内で書き換えるような関数を作成するためには，次のように関数内で global 宣言をします．

In [5]:
```
x = 100  # グローバル変数
def setX(a):      # 関数 setX() を定義
    global x  # x はグローバル変数と宣言
    x = a
    print (x)
```

In [6]:
```
setX(5)  # 関数 setX() を実行
```

Out[6]: 5

In [7]:
```
x  # グローバル変数を参照
```

Out[7]: 5

条件によって参照する変数が異なるため，同じ変数名をグローバル変数とローカル変数の両方に使うと誤りやすくなります．このため，同じ変数名の使用は推奨しません．できれば関数内からはグローバル変数を参照しなくて済むようにするほうが望ましいです．どうしても関数内でグローバル変数を参照したい場合には，global 宣言を利用しましょう．

コラム 7　関数の引数の省略

関数定義時に引数を付けずに呼び出す場合の値をあらかじめ定義しておくことで，引数を省略することができます．省略可能な引数は「オプション引数」と呼ばれます．また，省略した場合の値は「ディフォルト」と呼ばれます．

In [1]:
```
def f2(a,b=3):      # 引数 b は省略値 3
    return(a + b * 2)
```

In [2]:
```
f2(5)  # 引数 1 つで呼び出す
```

Out[2]: 11

In [3]:
```
f2(5,2)  # 引数 2 つで呼び出す
```

Out[3]: 9

省略した引数をキーワード引数として指定することも可能です.

In [4]:
```
f2(5,b = 2)   # 引数 2 つで呼び出す
```

Out[4]: 9

実は，第 4 章で出てきた print() の引数"end"は改行 (\n) が省略値として指定されています．明示的に引数を渡すことで改行しない指定をしています.

6.4 再帰関数

関数内から自分自身を呼び出す関数を再帰関数 (recursive function) と呼びます．たとえば，再帰的に定義された式などを記述する場合に役に立ちます.

例 階乗 ($n!$) を計算する関数 fact() を作成する

階乗の定義は次のようになります.

$$\begin{cases} 0! = 1 \\ n! = n \cdot (n-1) \cdot (n-2) \cdots 2 \cdot 1 \end{cases}$$

2 つ目の式をよく見ると，1 つ前までの計算結果を利用して計算することのできる漸化式 $n! = n \times (n-1)!$ とみなせます．そこで，fact() は再帰関数を使い，以下の式で計算することができます.

$$\begin{cases} \texttt{fact}(0) = 1 \\ \texttt{fact}(n) = n * \texttt{fact}(n-1) \quad (n \geq 1) \end{cases}$$

上記の式を関数で記述すると次のようになります.

In [1]:
```
def fact (n):
    if n == 0 :
        return 1
    else:
        return n * fact (n-1)
```

In [2]:
```
fact(0)   # 0 の階乗は 1
```
Out[2]: 1

In [3]:
```
fact(1)   # 1 の階乗は 1
```
Out[3]: 1

In [4]:
```
fact(4)   # 4 の階乗は 24
```
Out[4]: 24

6.5　関数の実行時間

プログラムの実行には計算機内で処理を行うための処理時間が必要になります．Jupyter Notebook ではセル内に `%%time` を利用すると，プログラムの実行時間を求めることができます．

関数 `fact()` の実行時間を求める例を示します．

In [1]:
```
%%time
fact(10)
```
Out[1]:
```
CPU times:  user 7 μs, sys:  0 μs, total:  7 μs
Wall time:  10 μs

3628800
```

実際の実行時間は，計算機性能や OS などの状態によって変化します．この例では計算機内で使用された CPU 時間（CPU times の total）が 7 μs で，実際に処理にかかった時間 (Wall time) が 10 μs だったことがわかります[1)]．

`%%time` による測定は，実行のたびに結果が多少変わります．より正確な実行時間が知りたい場合には，`%%time` の代わりに，`%%timeit` を利用します．100,000 回の平均実行時間を求めるため，実行時間を求める際に時間がかかり

1) 1 μs は 100 万分の 1 秒です．

ます.

In [2]:
```
%%timeit
fact(10)
```

Out[2]:
```
1.52 µs ± 2.52 ns per loop
(mean ± std. dev. of 7 runs, 100000 loops each)
```

人間の計算時間に比べると，1回の実行時間は非常に短い時間で終了していることがわかります.

6.6 計算量

フィボナッチ数はイタリアの数学者レオナルド・フィボナッチにちなんで名付けられた数列で，次の式で定義されます.

$$\begin{cases} \texttt{fib}(0) = 0 \\ \texttt{fib}(1) = 1 \\ \texttt{fib}(x) = \texttt{fib}(x-1) + \texttt{fib}(x-2) \quad (x \geq 2) \end{cases}$$

前節と同様に，再帰関数で `fib()` を定義してみます.

In [1]:
```
def fib(x):
    if x == 0:
        return 0
    if x == 1:
        return 1
    return fib(x-1) + fib(x-2)
```

定義した関数 `fib()` を使って，この関数の実行時間を測定してみます.

In [2]:
```
%%time
fib(20)
```

Out[2]:
```
CPU times:  user 6.6 ms, sys:  0 ns, total:  6.6 ms
Wall time:  6.52 ms

6765
```

In [3]:
```
%%time
fib(33)
```

Out[3]:
```
CPU times:  user 1.54 s, sys:  0 ns, total:  1.54 s
Wall time:  1.54 s

3524578
```

`fib(20)` が 6.5 ms で終了したのに対して，`fib(33)` は 1.5 s 以上計算時間が掛かっています．たとえば，`fib(40)` にしてみると，計算は終了しなくなります．

上記の関数の定義で，`fib(`x`)` の計算のため `fib(`$x-1$`)` と `fib(`$x-2$`)` と自分自身を 2 回呼び出しています．`fib(33)` の場合の関数の呼び出しの関係を図 6.2 に示します．

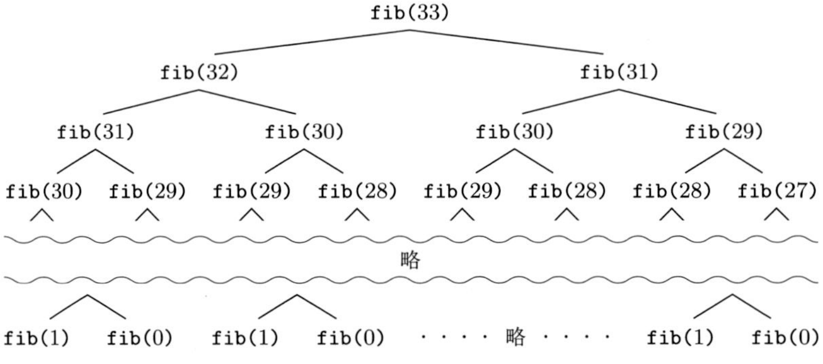

図 6.2　`fib(33)` の計算処理の呼び出し

`fib()` は，自分自身を呼び出し，その中でさらに 2 度 `fib()` の呼び出しが行われます．さらに，呼び出された `fib()` からも 2 度 `fib()` が呼び出され，`fib(1)` または `fib(0)` になるまで自分自身を呼び出し続けます．このため，`fib(`x`)` の呼び出し回数はだいたい 2^x に比例して増加します（正確な計算回数は演習課題で計算します）．計算量が x の増加に対して指数的に増加するため，大き

な x に対しては計算が終了しなくなります．このように計算量が増加する計算 (algorithm) は，指数的オーダーのアルゴリズムと呼ばれます．

計算量が指数的オーダーで増加する関数は，計算機の処理速度が上がっても所与の時間内に計算できる範囲が限定されます．このため，より計算量の少ないアルゴリズムが研究されています．

自分の作成したプログラムでも，計算量のオーダーを意識しておくことは重要です．一般に，2 重ループを作成し，ループ数が入力値に比例する場合には，2 乗のオーダーの計算量（引数やリストの長さが n 倍になると計算量がおおよそ n^2 倍になる）になります．3 重ループでは 3 乗のオーダーになります．このような場合には，計算量を下げる工夫が必要になります．関数 `fib()` では，再帰呼び出しのたびに同じ計算を何度も行っていますので，その結果を記録しておくことで計算量を減らすなどの工夫が可能です．

演習問題

6.1 円の面積を求める関数

半径 r の円の面積を求める関数 `area_circle()` を定義しなさい．円の面積 s は次の式で与えられる．

$$s = \pi r^2 \tag{6.1}$$

また，関数は引数として r を受け取り面積を返しなさい．

作った関数を使って，半径 5 cm の円の面積を計算しなさい．

6.2 円柱の体積を求める関数

半径 r，高さ h の円柱の体積を求める関数 `volume_cylinder()` を定義しなさい．円柱の体積 v は次の式で与えられる．

$$v = \pi r^2 h \tag{6.2}$$

また，関数は引数として r, h を受け取り体積を返しなさい．

作った関数を使って，半径 3 cm，高さ 12 cm の円柱の体積を計算しなさい．

6.3 投げ上げたボールの位置の計算

1. 初速 v で鉛直方法に投げ上げたボールの t 秒後の高さを計算する関数

ball_height() を定義しなさい．ボールの高さ h は次の式で与えられる．

$$h = vt - \frac{9.8t^2}{2} \tag{6.3}$$

また，関数は引数として v, t を受け取り高さを返しなさい．

2. 作った関数を使って，時刻 0 から 10 秒までの 1 秒おきにボールの高さを計算しなさい．ただし，初速は 40 m/s とする．

6.4　素数

次の手順で素数を求める関数を定義し素数を求めなさい．ただし，素数とは，「1 とその数自身以外に正の約数がない 2 以上の整数」を指します．

1. 素数かどうかを返す関数 isPrime() を定義しなさい．
2. isPrime() を使って，1 から 100 までの素数を求めなさい．

6.5　素因数分解

次の手順で素因数分解をする関数を定義しなさい．

1. 正の約数を表示する関数 divisor() を定義しなさい．
   ただし，約数とは「ある整数に対してそれを割り切ることのできる整数」を指します．
2. 定義した divisor() を使って divisor(60) を計算しなさい．

```
1 2 3 4 5 6 10 12 15 20 30 60
```

3. 正の約数の総数を求める関数 n_divisor() を定義しなさい．
4. n_divisor(60) を計算し，12 と表示されることを確認しなさい．
5. 素因数分解した結果を表示する関数 factorization() を定義しなさい．
6. factorization(30) が 2 3 5 になることを確認しなさい．
7. 1001 から 1009 まで素因数分解の結果を表示しなさい．

6.6　階乗

6.4 節で定義した関数 fact() を使って，0 から 20 までの階乗を次の形式で出力しなさい．

```
fact(0) = 1
fact(1) = 1
fact(2) = 2
  ⋮
```

6.7　フィボナッチ数

関数 `fib()` を使って，`fib(0)` から `fib(20)` までを次の形式で出力しなさい．

```
fib(0) = 0
fib(1) = 1
fib(2) = 1
  ⋮
```

6.8　フィボナッチ関数の計算量

関数 `fib`(x) の計算量は次の式で表すことができます．

$$\begin{cases} \texttt{fibcall}(0) = 1 \\ \texttt{fibcall}(1) = 1 \\ \texttt{fibcall}(x) = 1 + \texttt{fibcall}(x-1) + \texttt{fibcall}(x-2) \quad (x \geq 2) \end{cases}$$

1. 上記の計算を行う関数 `fibcall()` を定義しなさい．
2. `fibcall()` を使って，関数 `fib()` の 0 から 30 まで呼び出し数を求めなさい．

6.9　フィボナッチ数と計算回数

`fib()` と `fibcall()` を使って，0 から 30 までのフィボナッチ数 `fib`(x) とその計算量 `fibcall`(x) を出力しなさい．

7 グラフの利用

7.1 matplotlib とは

Python はグラフを表示するためのパッケージ[1)]が複数用意されています．本書では，最もよく使われる matplotlib[2)] を使います．matplotlib を使うと簡単なグラフから複雑なグラフまで自由に描くことができます．

7.1.1 準備

matplotlib を使うためには，matplotlib パッケージをインポートする必要があります．次にインポートの方法を示します．

```
In [1]:  %matplotlib inline
         import matplotlib.pyplot as plt
```

- `%matplotlib inline`
  Jupyter Notebook 上にグラフを描画するための宣言です．これを記述しないと，別ウインドウでグラフが開きます．
- `import matplotlib.pyplot as plt`
  matplotlib の pyplot モジュールを plt（別名）としてインポートします．以降は，plt.XX（XX は関数などの名称）と表記するだけで pyplot の機能を利用できます．

import した内容は，現在開いている Notebook の中で有効になります．他の Notebook を利用する場合には，その Notebook の中で再度インポートを行う必要があります．

1) パッケージは複数のモジュールをまとめて扱えるようにしたものです．
2) `https://matplotlib.org/`

7.2 簡単なグラフを描く

折れ線グラフ，棒グラフ，散布図，円グラフなどの簡単なグラフの書き方を説明します．

7.2.1 折れ線グラフ

数値のリストをもとに，簡単な折れ線グラフ (Line Graph) を描くことができます．プロットしたい値をリストとして用意します．ここでは，要素が 6 個あるリストを用意します．

```
In [1]:  a = [1, 2, 4, 5, 10, 20]
```

リスト a の値を折れ線グラフでプロットするためには，`plt.plot()` を呼び出します．

```
In [2]:  plt.plot(a)
         plt.show()
```

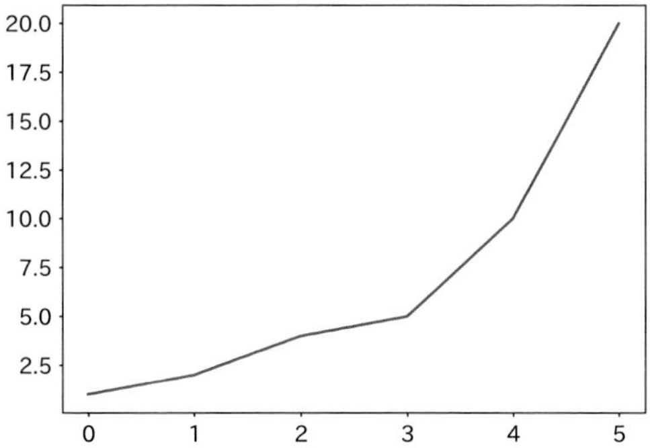

図 7.1 折れ線グラフ

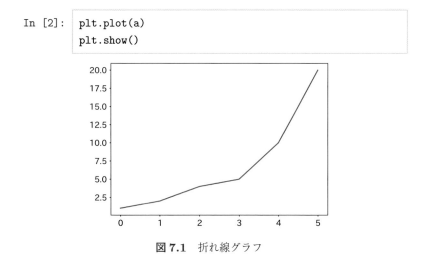

`plot.plt()` でオプションを指定するとグラフの描き方を変更することができます．たとえば，赤の「×」でプロットする場合には，`'-rx'` を指定します (r は red，x は点を×印でプロットすることを指示しています)．

In [3]:
```
plt.plot(a, '-rx')
plt.show()
```

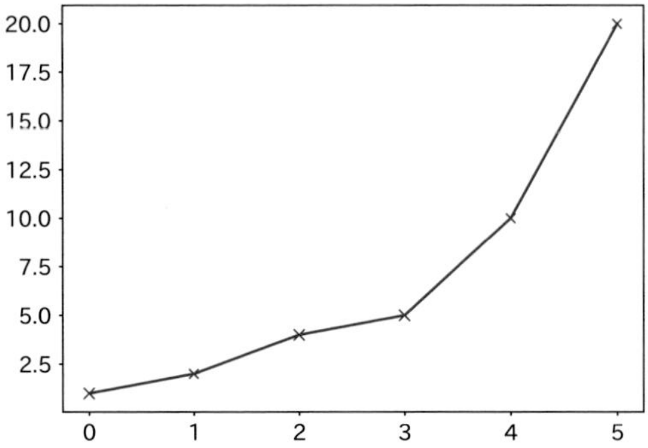

図 7.2　折れ線グラフ（別バージョン）

7.2.2　棒グラフ

棒グラフ (Bar Grah) を描く場合には，データの入ったリスト a の他に，x 座標を示すデータをリストとして用意します．

In [4]:
```
x = list(range(1, 7))  # 1から6までのリストを作成する
```

x と a を使い plot.bar() で棒グラフを描きます．

In [5]:
```
plt.bar(x,a)
plt.show()
```

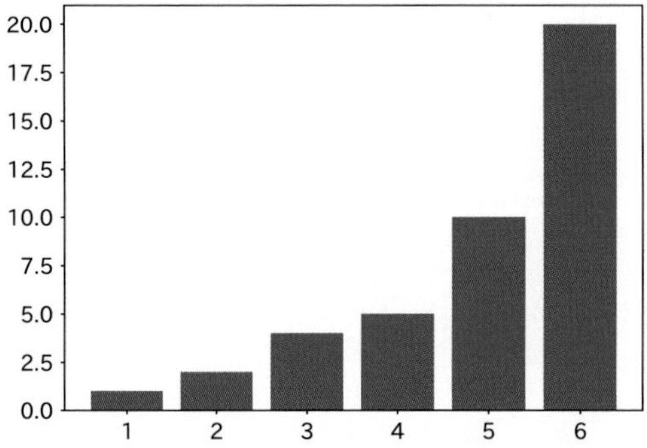

図 7.3　棒グラフ

plt.bar() の代わりに，plt.barh() を使うと，横向きの棒グラフを描くことができます．

In [6]:
```
plt.barh(x,a)
plt.show()
```

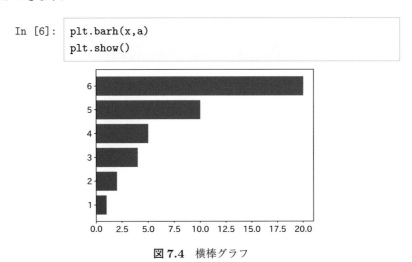

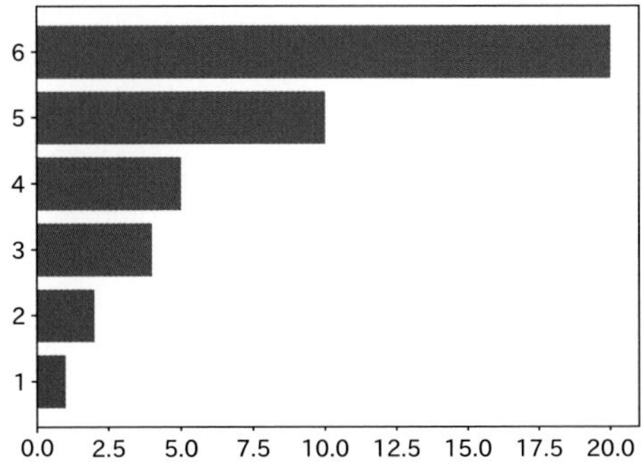

図 7.4　横棒グラフ

7.2.3　散布図

散布図 (Scatter Chart) は 2 変量のデータ（たとえば変量 x と y に関するデータ）があったときに (x, y) の点をプロットしたグラフです．

上記の x と a を使って散布図を作成してみます．

In [7]:
```
plt.scatter(x,a)
plt.show()
```

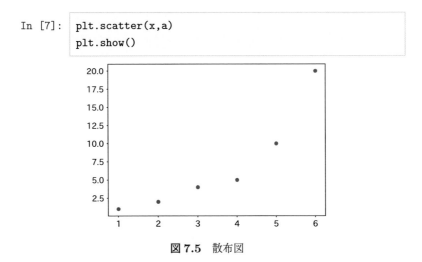

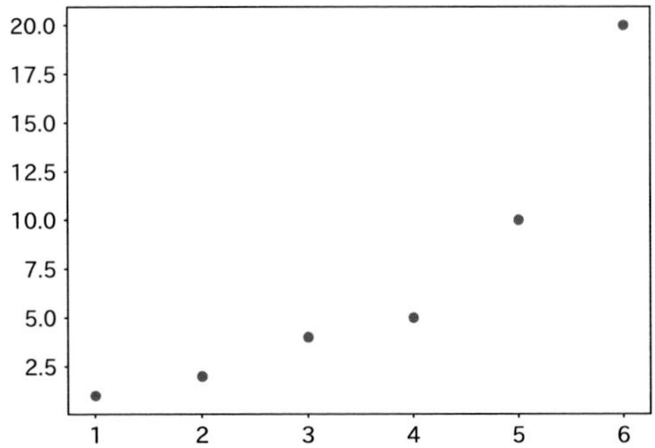

図 7.5　散布図

7.2.4　円グラフ

円グラフ (Pie Chart) を描くためには，数値のリストとラベルのリストを用意します．以下の例では，data に数値のリストを，label にラベルのリストを設定し円グラフを描いています．

In [1]:
```
plt.axis('equal')   # x 軸と y 軸の比率を 1:1 にして円にする
data = [15, 30, 50]
label = ["yes", "no", "Unknown"]
plt.pie(data, labels=label)
plt.show()
```

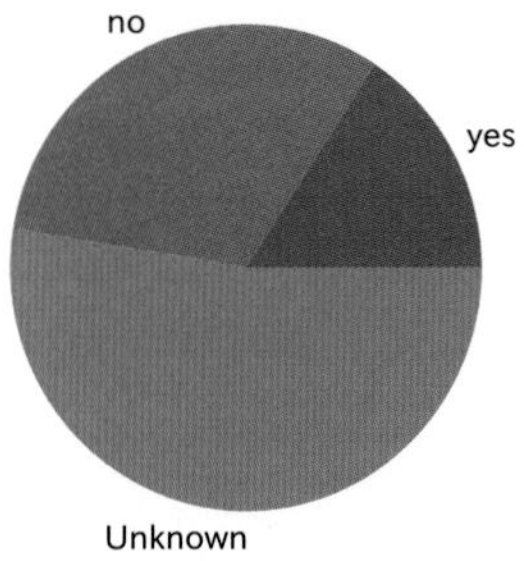

図 7.6　円グラフ

7.3　計算結果をもとにグラフを描く

7.3.1　関数のグラフを描く

x を -10 から 10 まで 1 ずつ変化させて，各 x の値に対する x^2 の値を計算し，折れ線グラフにします．

まず，横軸にあたる値のリストを作成します．

In [1]:
```
x = list(range(-10, 11))
```

続いて，x^2 を求める関数 x2() を定義して，上記のリスト x に map() を適用します．

map() はリストの一つひとつの要素に与えられた関数を適用し，その結果を集めたオブジェクトを返します．list() 関数を使うことで，計算結果のリストを作成できます．

In [2]:
```
def x2(x):
    return x**2
y = list(map(x2, x))
y
```

Out[2]:
```
[100, 81, 64, 49, 36, 25, 16, 9, 4, 1, 0, 1, 4, 9,
16, 25, 36, 49, 64, 81, 100]
```

上記で作成した x, y を plot() を使ってプロットします．

In [3]:
```
plt.plot(x, y)
plt.show()
```

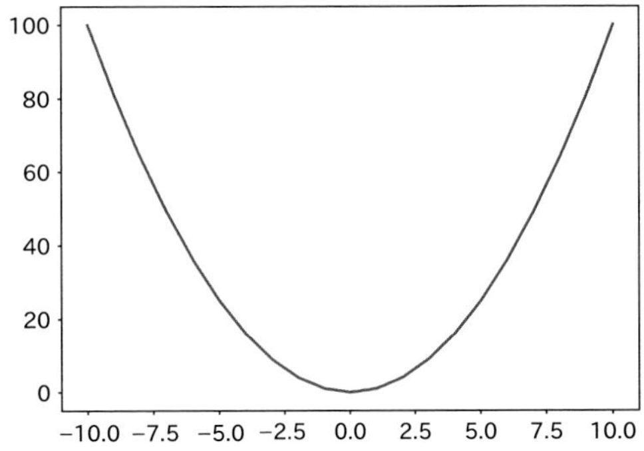

図 7.7 x^2 のプロット

map() 関数の動作

map() は第 1 引数で与えられた関数を，第 2 引数で与えたリストの要素の一つひとつに適用する（割り付ける）関数です．map のように関数を引数として指定することができる関数を「高階関数」と呼びます．

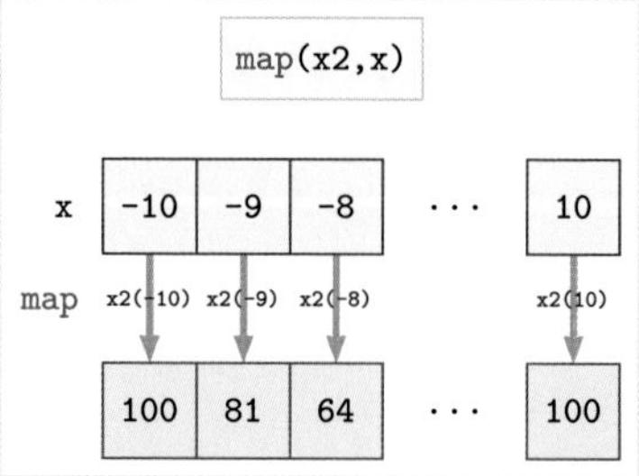

7.3.2 乱数でグラフを描く

乱数を発生し，グラフにプロットしてみます．乱数を発生する関数として，`random()` を利用します．以下の例では，乱数を発生する `rnd()` という関数を定義しています．

In [1]:
```
import random   # random モジュールのインポート
def rnd(x):     # 乱数生成のための関数
    return random.random()
# 乱数を 100 個含むリストを作成
sample = list(map(rnd, range(100)))
```

`range()` を使い，`map()` を `rnd` に適用することで，100 個の乱数を含むリストを作成し，sample に代入しています．

次に，`plt.plot()` を使い，折れ線グラフを作成します．

In [2]:
```
plt.plot(sample)
plt.show()
```

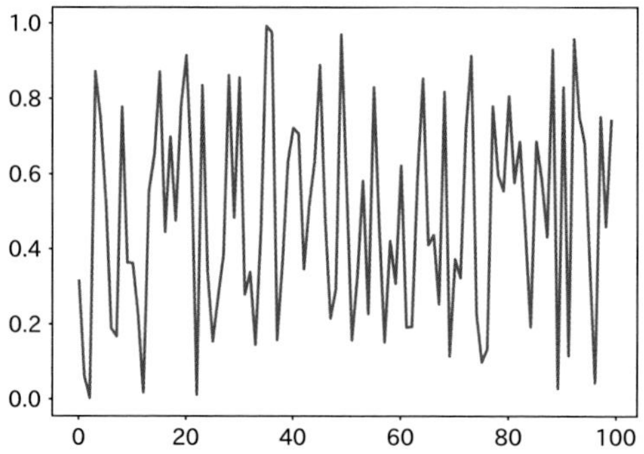

図 7.8 乱数の折れ線グラフ

乱数を使用しているため，実行のたびに異なる結果が出ます．

さらに，別の 100 個の数値リスト sample2 を作成し，sample と sample2 で散布図を描いてみます．

In [3]:
```
sample2 = list(map(rnd, range(100)))
plt.scatter(sample, sample2)
plt.show()
```

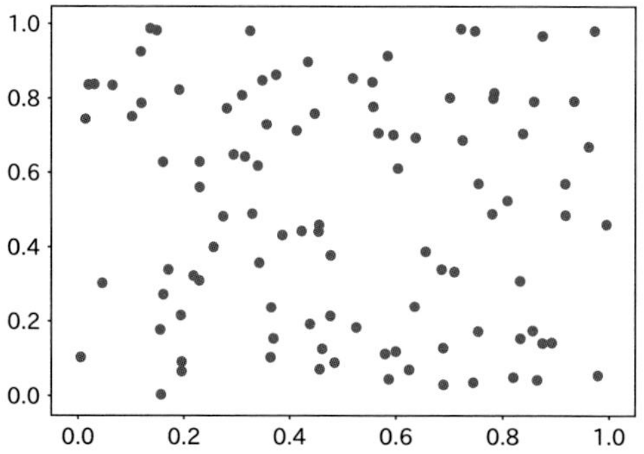

図 7.9 乱数の散布図

乱数の値は式を評価するたびに変わります．グラフにすることで，偏りがないかなどの確認ができます．乱数は，シミュレーションの際にしばしば利用されます（第 10 章，第 11 章参照）．

7.3.3　ヒストグラムを描く

ヒストグラムはデータの分布を示すグラフで，横軸に階級を，縦軸にその度数をプロットします．統計処理に利用されます．maptlotlib を使うと簡単にヒストグラムを作成することができます．

乱数を 100 個含むリストを作成して，その分布を調べてみます．

まず，前節と同じように乱数のリストを作成します．

In [1]:
```
import random   # random モジュールのインポート
def rnd(x):     # 乱数生成のための関数
    return random.random()
# 乱数を 100 個含むリストを作成
sample = list(map(rnd, range(100)))
```

次に，plt.hist() を使い，ヒストグラムを作成します．

In [2]:
```
plt.hist(sample)
plt.show()
```

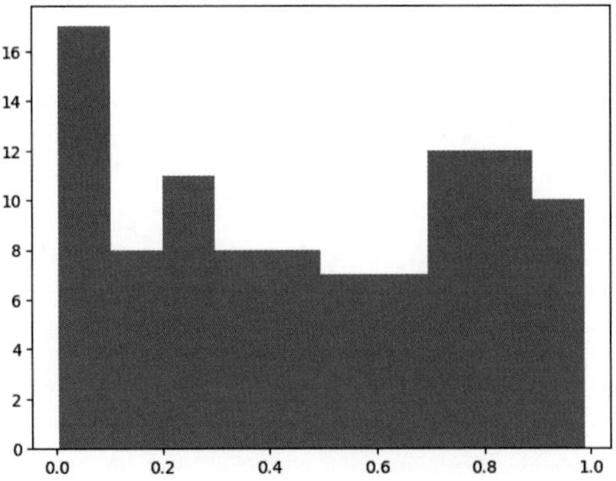

図 7.10　ヒストグラム

ヒストグラムは本来図 7.10 のようにビンをすきまなく並べて表示しますが，目盛との対応が見づらい場合には，ビンの相対的な幅 (rwidth) を指定します．rwidth として 0.95 程度がおすすめです．

In [3]:
```
plt.hist(sample,rwidth=0.95)
plt.show()
```

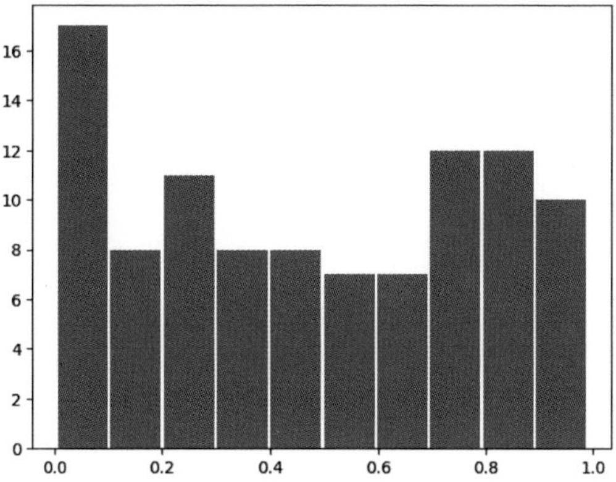

図 7.11 ヒストグラム

さらに，横軸の階数を細かくするためには階数の数 (**bins**) を指定します．

In [4]:
```
plt.hist(sample,rwidth=0.95,bins=20)
plt.show()
```

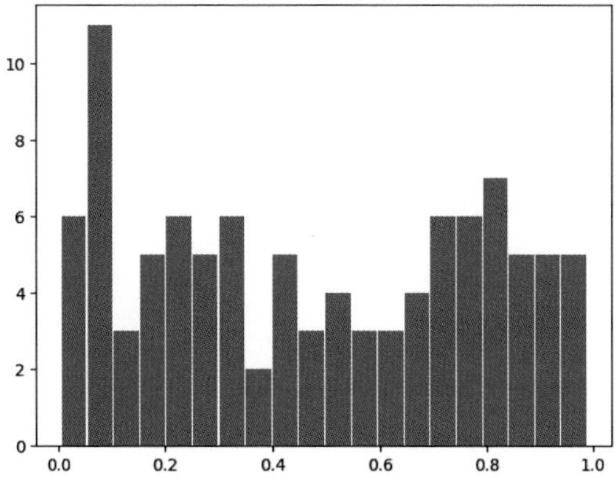

図 7.12 ヒストグラム

演　習　問　題

7.1　折れ線グラフを描く

次のデータを使って以下の手順で気温の推移を表す折れ線グラフを描きなさい.

表 7.1　室蘭の気温

月	最高気温	最低気温
1	0	−5
2	1	−5
3	4	−2
4	10	3
5	15	7
6	18	12
7	22	16
8	24	18
9	21	15
10	17	9
11	9	3
12	3	−2

1. 各月の最高気温，最低気温を，それぞれリスト max_degree, min_degree に格納しなさい.
2. 折れ線グラフで max_degree を表示しなさい.
3. 折れ線グラフで min_degree を表示しなさい.
4. 最高気温，最低気温のグラフを重ねて表示しなさい.
   同一セル内で max_degree, min_degree をプロットすると 2 つのグラフを重ねて表示できます.

7.2　円グラフを描く

次のプログラミング言語のランキングデータ[3)]を使って，次の手順で円グラフを描きなさい.

---

3) TIOBE Index for May 2020
`https://www.tiobe.com/tiobe-index/`
より引用.

表 7.2　プログラミング言語ランキング

言語	評価
C	17.07
Java	16.28
Python	9.12
C++	6.13
C#	4.29
Visual Basic	4.18
JavaScript	2.68
PHP	2.49
SQL	2.09
R	1.85

1. 評価値を格納するリスト rank を作成する.
2. プログラミング言語のリスト label を作成する.
3. rank と label を使って円グラフを描画する.

7.3　x^3 のグラフを描く

x を -10 から 10 まで 1 ずつ変化させて，各 x の値に対する x^3 の値を計算し，折れ線グラフにしなさい．手順は次の通りとしなさい．

1. x^3 を計算する関数 `x3()` を定義しなさい.
2. x に -10 から 10 までのリストを用意しなさい.
3. x に `x3()` を適用し，計算結果をリスト y に代入しなさい.
4. x, y と `plt.plot()` を使ってグラフを描画しなさい.

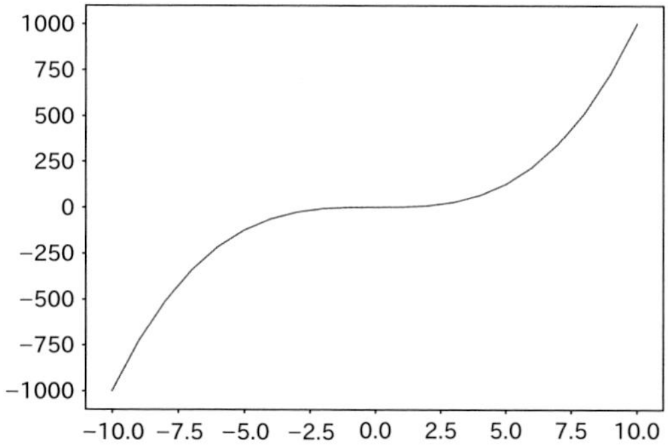

7.4　階乗のプロット

x を1から10まで1ずつ変化させて，各 x の値に対する6.4節の階乗 `fact(`x`)` の値を計算し，`plt.plot()` を使って折れ線グラフを描きなさい．手順は次の通りとしなさい．

1. 階乗を計算する `fact()` を定義しなさい．
2. x に1から20までのリストを用意しなさい．
3. x に `fact()` を適用し，計算結果をリスト y に代入しなさい．
4. x, y と `plt.plot()` を使ってグラフを描画しなさい．

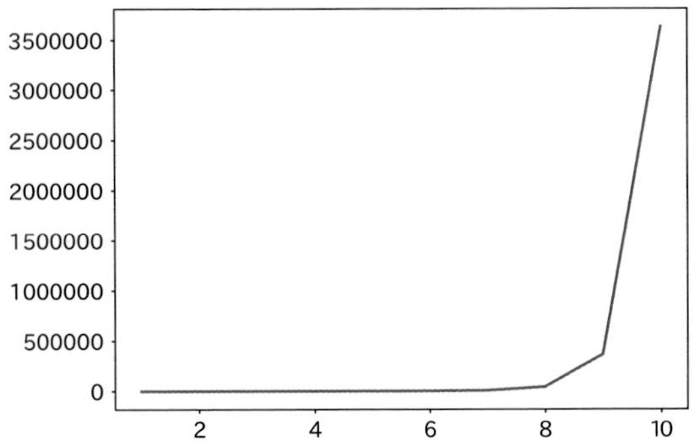

7.5　フィボナッチ数のプロット

6.6節のフィボナッチ数列を求める関数を定義し，初項から第20項までを求め，計算結果を折れ線グラフで表しなさい．手順は次の通りとしなさい．

1. フィボナッチ数列を計算する `fib()` を定義しなさい．
2. x に1から20までのリストを用意しなさい．
3. x に `fib()` を適用し，計算結果をリスト y に代入しなさい．
4. x, y と `plt.plot()` を使ってグラフを描画しなさい．

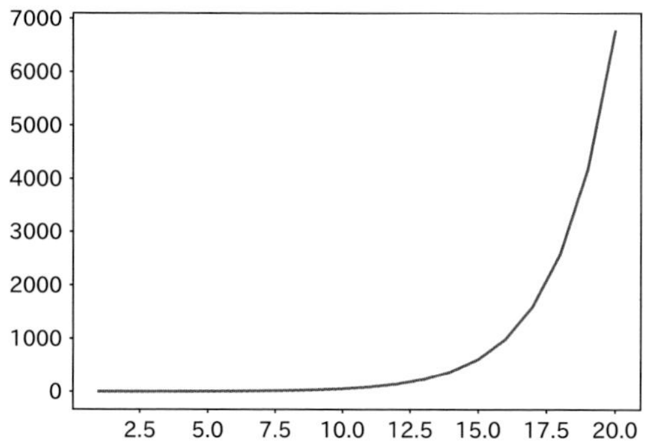
7000
6000
5000
4000
3000
2000
1000
0
2.5
5.0
7.5
10.0
12.5
15.0
17.5
20.0

8 アルゴリズムI 線形探索と二分探索

8.1 アルゴリズムとは

アルゴリズム (algorithm) とは，ある処理を行うための，一連の「手順」のことをいいます．料理に例えると「レシピ」のようなものと考えればよいでしょう．

プログラムでのアルゴリズムの例としては，次のようなものがあげられます．

- 最大値の計算
  数列の中から最大値を求める
- 文字列の検索
  文章中に特定の文字列があるかどうか判定する
- 画像認識
  画像の中からひとの顔を認識する

同じ処理を行うためのプログラムでも，実現の方法は必ずしも 1 通りではありません．したがって，計算処理の要求条件や対象のデータの特性に対して，最適なアルゴリズムを選択してプログラムを作成することが必要になります．アルゴリズムの選択を誤ると，処理するデータの増加に対して，処理が遅いプログラムになる場合があります．また，使用する前提条件を誤ると，正しい結果が出ないなどの不具合が生じます．

8.2 探索とは

探索とは，数多くのデータの中から条件に合致するデータを探し出すことを指します（図 8.1）．たとえば，単語の意味を国語辞典や英和辞典で調べる行為は探索にあたります．この場合，調べたい単語をキーにして，辞書にある該当

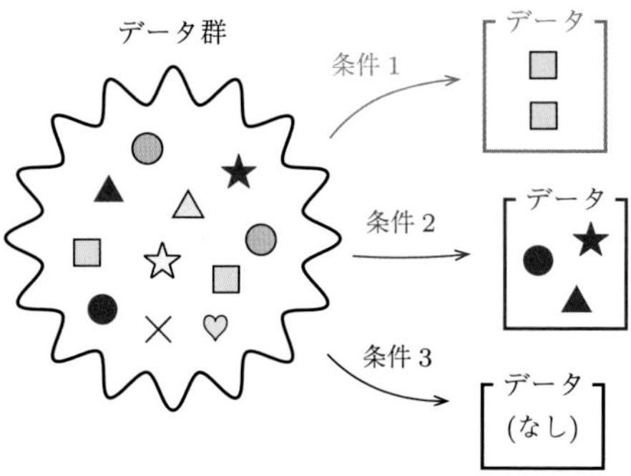

図 8.1 探索のイメージ

の項目を探すことになります．辞書には「あいうえお」順や「アルファベット」順に項目が見出しとして並べられているため，数万語の中から該当する項目を人手で簡単に調べることができます．

図書館の蔵書検索システムでキーワードをもとに書籍を探す行為も探索の一種と捉えることができます．この場合には，蔵書検索システムの抄録に記載されている文章の中を探す必要があり，見出しなどで整理されていないため，コンピュータならではの探索方法が必要になります．このため，コンピュータ内部では国語辞典で調べるような方法とは異なる探索方法が採られます．

8.2.1 探索対象とするデータ

探索対象とするデータは，以下のように大別されます．

1. 構造化データ
   数値や文字，それらの組み合わせなど，共通的なデータ構造が定義されていて計算機で扱いやすい形式に変換されたデータ
2. 非構造化データ
   自然言語文書，画像，動画など，共通的なデータ構造が定義しにくく計算機で扱いにくい形式のデータ

構造化データ

市町村名	面　積	人　口	世帯数
札幌市	1,121.26	1,952,356	921,837
函館市	677.87	265,979	123,950
小樽市	243.83	121,924	55,466
旭川市	747.66	339,605	155,747
室蘭市	80.88	88,564	43,616
釧路市	1,362.90	174,742	82,078
帯広市	619.34	169,327	77,707
北見市	1,427.41	121,226	56,202
夕張市	763.07	8,843	4,539
岩見沢市	481.02	84,499	36,155

非構造化データ

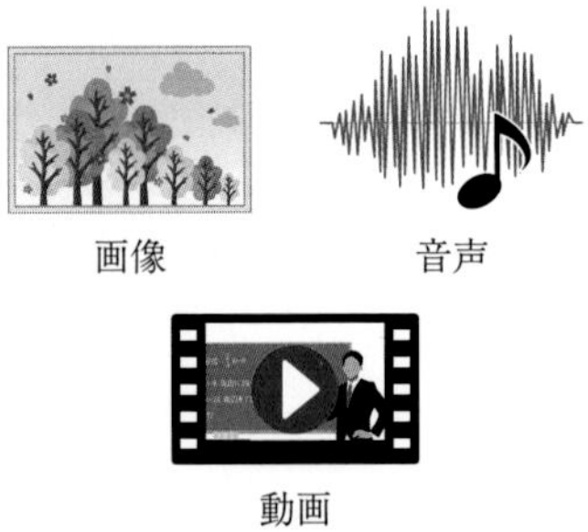

図 8.2　構造化データと非構造化データ

前節の例では，「辞書の項目」が構造化されたデータに該当し，「蔵書の抄録に記載された文章」は構造化されていないデータにあたります．

本章では，数値や文字が並んでいるような構造化されたデータを扱います．また，探し出す条件としては，数値の大小，文字列の一致など，比較的単純な条件のみを扱います．

自然言語（人間のわかる文章）で記述された文書などの，構造化されていないデータを対象に探索をする場合には「全文検索」などの別の方法が使われます．

8.2.2　探索アルゴリズムと処理時間

構造化されたデータを探索する方法は古くから研究されており，「探索アルゴリズム」として知られています．数多くのアルゴリズムが提案されており，それぞれに特徴とメリット・デメリットがあります．実用化されているプログラムの中でも適材適所で利用されています．

なお，本章では，最も単純な「線形探索」および，より効率のよい「二分探索」を扱いますが，他にも多くの探索アルゴリズムが利用されています．たとえば，データの追加や削除が頻繁に行われる条件下では，「二分探索」よりも効率のよい「B-tree」アルゴリズムが採用されます．また，離散的な値の探索には，「ハッシュ表」が利用されます．このように，利用する条件やデータの特性によって，処理に要する時間や使用するメモリーなど，探索アルゴリズムの効率が変わります．

8.3　線形探索アルゴリズム

8.3.1　線形探索アルゴリズムとは

線形探索アルゴリズムは，探索対象のデータを端から順番に調べて探す方法です．線形探索アルゴリズムの一例を図 8.3 に示します．

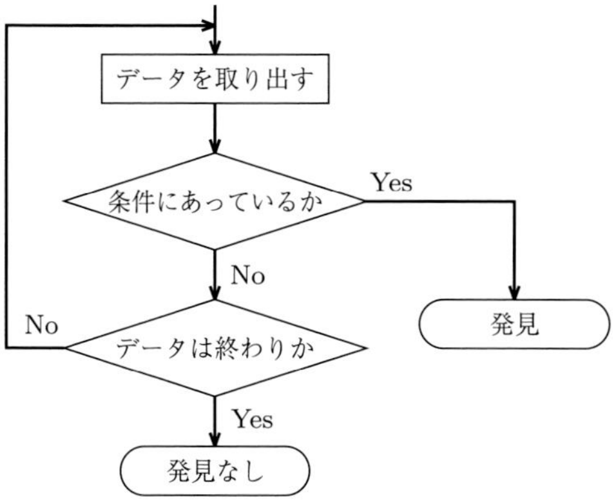

図 8.3　線形探索アルゴリズムの例

上記のアルゴリズムの場合，最初に条件にあうデータが見つかった段階で終了しています．このため，データを取り出す順番によって，早く探せる場合とそうでない場合があります．

また，条件にあうデータをすべて見つける場合には，発見した後にも次のデータの検査が必要になります．

条件にあうデータが見つからない場合，およびすべてのデータを見つける必要のある場合には，すべてのデータの検査が必要になります．このため処理時間はデータ数 n に比例します．

8.3.2　線形探索アルゴリズムの例

(1)　トランプカードのデータ構造

例としてトランプのカードを扱います．トランプはハート，スペード，クラブ，ダイヤからなるスート各 13 枚に加え，ジョーカーを含む 53 枚から構成されるものとします．

ここでは，トランプのカードを表8.1のように表現することにします．

表8.1　トランプの表現

インデックス/スート	ハート	スペード	クラブ	ダイヤ
エース	HA	SA	CA	DA
2	H2	S2	C2	D2
3	H3	S3	C3	D3
4	H4	S4	C4	D4
5	H5	S5	C5	D5
6	H6	S6	C6	D6
7	H7	S7	C7	D7
8	H8	S8	C8	D8
9	H9	S9	C9	D9
10	H10	S10	C10	D10
ジャック	HJ	SJ	CJ	DJ
クイーン	HQ	SQ	CQ	DQ
キング	HK	SK	CK	DK
ジョーカー	J			

たとえば，ハートのエースはHA，スペードの7はS7になります．

配られた札はPythonのリストで表現することとします．Pythonですべてのカードを含むリスト（変数名：cards）を作成します．

In [1]:
```
cards = ["HA", "H2", "H3", "H4", "H5", "H6", "H7",
"H8", "H9", "H10", "HJ", "HQ", "HK",
"SA", "S2", "S3", "S4", "S5", "S6", "S7",
"S8", "S9", "S10", "SJ", "SQ", "SK",
"CA", "C2", "C3", "C4", "C5", "C6", "C7",
"C8", "C9", "C10", "CJ", "CQ", "CK",
"DA", "D2", "D3", "D4", "D5", "D6", "D7",
"D8", "D9", "D10", "DJ", "DQ", "DK",
"J"]
```

次に，最初に配る札13枚をランダムに選択し，リストfirstに代入します．

ここでは，カードのリストから要素をランダムに選択するために，randomモジュールを利用しています．random.sample() はリスト cards の中から重複なく 13 枚を選択する関数です．

In [2]:
```
import random
first = random.sample(cards, 13)
print(first)
```

```
['J', 'SA', 'HJ', 'H8', 'D8', 'HK', 'SK', 'DK',
'H9', 'S3', 'D6', 'HQ', 'D7']
```

(2) 手札を探索する

first の中にジョーカーが含まれているかどうか，線形探索アルゴリズムを使って調べます．下のセルで，図 8.3 で示したプログラム findJ() を示します．

In [3]:
```
def findJ(l):
  i = 0  # i は取り出す位置を示す
  while i < len(l):     # 要素が残っていれば続ける
    if l[i] == "J":     # 要素が”J”ならば発見
      print("発見")
      break  # 発見したらプログラム終了とする
    i += 1  # i を 1 つ進めて繰り返す
```

In [4]:
```
findJ(first)
```

```
発見
```

リスト first にはたまたまジョーカー J が含まれていたので，「発見」と表示されました．リストにジョーカーが含まれない例を実行してみると，次のようになります．

In [5]:
```
first = random.sample(cards, 13)
print(first)
findJ(first)
```

```
['H3', 'D8', 'C4', 'DA', 'CQ', 'CJ', 'C9', 'C8',
'H9', 'SQ', 'HK', 'D3', 'SJ']
```

8.3.3 線形探索アルゴリズムの処理時間

処理時間の評価のため，13 枚のカードをランダムに選択し，ジョーカーが含まれているかどうかを 100,000 回調べてみます．発見した回数を集計するために，プログラム findJ() を改造して発見したら 1 を返すようにします．

In [1]:
```
def findJ(l):
  i = 0  # iは取り出す位置を示す
  while i < len(l):     # 要素が残っていれば続ける
    if l[i] == "J":     # 要素が”J”ならば発見
      return(1)
    i += 1  # iを1つ進めて繰り返す
  return(0)  # 未発見の場合0を返す
```

プログラムを実行すると，次のようになります．

In [2]:
```
sum = 0
for i in range(100000):
  first = random.sample(cards, 13)
  sum += findJ(first)
print(sum)
```

```
26413
```

実行時間の測定のためには，次のようにします．

In [3]:
```
%%time
sum = 0
for i in range(100000):
  first = random.sample(cards, 13)
  sum += findJ(first)
print(sum)
```

```
26535
CPU times:  user 1.84 s, sys:  0 ns, total:  1.84 s
Wall time:  1.84 s
```

8.4 二分探索アルゴリズム

二分探索アルゴリズムは，探索する領域を逐次絞りながら探索を進める方法です．たとえば，1 から 100 までの数値で数当てをする場合は，最初の探索範囲は 1〜100 です．最初の質問では範囲の中央である 50 より大きいか小さいかを尋ねます．50 より大きい場合には，範囲を 50〜100 に絞ることができます．そこで，次に 75 より大きいか小さいかを尋ねます．小さい場合には，範囲が 50〜75 に絞られます．これを繰り返すことで，最終的に正解にたどり着くことができます．

このように範囲を半分に絞りながら探索するため，このアルゴリズムは「二分探索法」と呼ばれます．二分探索を行うためには次の条件が必要です．

1. 要素に大小の判断がつく
2. 要素が順番に並んでいる

条件 1 は数字データであれば満たされます．文字列の場合には文字の並びで大小の判断ができます．条件 2 を満たすためには，あらかじめ検索範囲の要素をソートしておくなどの処理が必要になります．

二分探索アルゴリズムの一例を以下に示します．

1. 探索領域の上限と下限を探索範囲に設定しておきます．
2. 探索領域の上限と下限が同じになった場合には，未発見のまま探索が終了します．
3. 中央にあるデータを取り出し，条件を満たしているかどうか調べます．
4. 満たしている場合には，発見したことになります．
5. 満たしていない場合，データが条件より小さいか大きいかを比較し，検索領域の上限または下限を修正し再度検索します．

要素に同じ値のデータが複数含まれるような場合で，条件にあうデータをすべて見つける場合には，発見した後にも次のデータの検査が必要になります．

条件にあうデータが見つからない場合に最も時間を要します．要素数を n とした場合，探索のための繰り返しの数は $\log_2 n$ 程度になります．

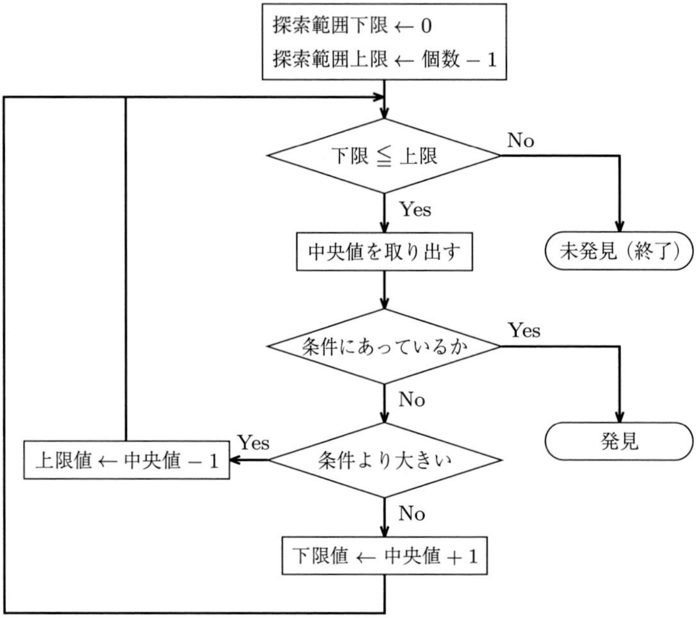

図 8.4　二分探索アルゴリズムの例

8.4.1　二分探索アルゴリズムの例

二分探索アルゴリズムを用いて，トランプの手札にJが含まれているかどうかを調べるプログラムを作成します．

まず，手札のリスト first をソートするためには，`sort()` 関数を利用します．

```
In [4]:  first

Out[4]:  ['H8', 'HQ', 'S8', 'SA', 'D9', 'H4', 'H7',
          'HJ', 'S2', 'C2', 'D4', 'C5', 'CA']
```

```
In [5]:  first.sort()
         first

Out[5]:  ['C2', 'C5', 'CA', 'D4', 'D9', 'H4', 'H7',
          'H8', 'HJ', 'HQ', 'S2', 'S8', 'SA']
```

アルファベット順にソートされていることがわかります．

次に図 8.4 に示したアルゴリズムをプログラム (findJ2) にしてみます.

In [6]:
```
def findJ2(l):
  min_idx = 0  # 探索範囲下限
  max_idx = len(l) - 1  # 探索範囲上限
  while min_idx <= max_idx:
    mid_idx = int((min_idx + max_idx) / 2)
    if l[mid_idx] == "J":
      print("発見")
      return
    if l[mid_idx] > "J":
      max_idx = mid_idx-1  # 探索範囲上限見直し
    else:
      min_idx = mid_idx+1  # 探索範囲下限見直し
  return  # 未発見
```

13 枚のカードを抽出し，その中にジョーカーが含まれているか 100 回調べてみます.

In [7]:
```
for i in range(100):
    first = random.sample(cards, 13)
    first.sort()  # 処理の前にソートする
    findJ2(first)
```

```
発見
発見
```

8.4.2 二分探索アルゴリズムの処理時間

線形探索と同様に，13 枚のカードをランダムに選択し，ジョーカーが含まれているかどうかを 100,000 回調べてみます．発見した回数を集計するために，プログラム findJ2() を改造して発見したら 1 を返すようにします.

In [8]:
```
def findJ2(l):
  min_idx = 0  # 探索範囲下限
  max_idx = len(l) - 1  # 探索範囲上限
  while min_idx <= max_idx:
    mid_idx = int((min_idx + max_idx) / 2)
    if l[mid_idx] == "J":
      return 1  # 発見
    if l[mid_idx] > "J":
      max_idx = mid_idx-1  # 探索範囲上限見直し
    else:
      min_idx = mid_idx+1  # 探索範囲下限見直し
  return 0  # 未発見
```

プログラムを実行すると，次のようになります．

In [9]:
```
sum = 0
for i in range(100000):
  first = random.sample(cards, 13)
  first.sort()
  sum += findJ2(first)
print(sum)
```

```
26762
```

実行時間の測定のためには，次のようにします．

In [10]:
```
%%time
sum = 0
for i in range(100000):
  first = random.sample(cards, 13)
  first.sort()
  sum += findJ2(first)
print(sum)
```

```
26654
CPU times:  user 1.98 s, sys:  2.56 ms, total:  1.98 s
Wall time:  1.98 s
```

random.choices() の引数

random.choices() の引数 k はオプション引数になります．オプション引数については，コラム 7 を参照.

演　習　問　題

8.1　トランプのカードから任意のカードを探す（線形探索）

線形探索のプログラムを改造して，引数として与えたカードがあるかどうか探すプログラム findCard() を作成しなさい.

8.2　トランプのカードから任意のカードを探す（二分探索）

二分探索のプログラムを改造して，引数として与えたカードがあるかどうか探すプログラム findCard2() を作成しなさい.

8.3　多量のトランプの探索

random.choises() を使うと，重複ありで複数のカードのリストを作成できます．たとえば，1000 枚のカードのリストを作成するときは次のように使います.

```
In [1]:  random.choices(cards, k=1000)

Out[1]:  ['S3',
          'S5',
          'C3',
          'D9',
          'H6',
          'H4',
            ⋮
          ]
```

1. random.choices() を使って，重複ありの 50,000,000 枚のカードを作成しなさい.
2. 線形探索と二分探索を使って，その中に，ジョーカーがあるかどうか調べなさい.

3. それぞれの実行時間を調べなさい.

8.4 配られたカードにジョーカーが含まれる確率

8.3.2 項の最後にあるランダムに選択された 13 枚のカードの中にジョーカーが含まれているかを調べるプログラムを何回か実行し，そのたびに異なるカードが配られることを確認してください．13 枚のカードにジョーカーが含まれる確率はいくつになるか，考察してください．

9 アルゴリズムⅡ ソート

9.1 ソートとは

ソート（sort，整列，ソーティングともいう）はデータ群を対象に，数字の大小などの，ある決まった規則の順に並べ替えることをいいます．名簿データを名前の読み仮名の順番に並べ替えたり，生年月日の順番で並べ替えるなどの処理を指します．処理に必要な順番に並べ替えることで，後の処理を行いやすくすることができるため，計算処理の一部としてよく利用されます．

ソートを行うためには，大小や前後などデータ間の順序関係が明らかなことが必要になります．たとえば，花の名前，色の名前，国の名前などは本来順序関係がないため，並べ替えを行うことはできません．これらに対しては，名前のアルファベット順など人為的に何らかのコードを割り付けることでソートすることができるようになります．

9.1.1 選択ソート

本章ではアルゴリズムの学習の題材としてソートを行う関数を扱います．多くのプログラミング言語にはソートをする関数があらかじめ用意されており，それを使うことが一般的です．ここでは，ばらばらに並んだデータがリストで与えられており，それを小さい順番にソートするプログラムを実際に作成してみます．

本章ではソートを行うアルゴリズムの中で最も単純な「選択ソート」を使用します．選択ソートのアルゴリズムを図 9.1 に示します．

1. ソート対象を特定する
2. ソート対象がなくなった場合は終了する

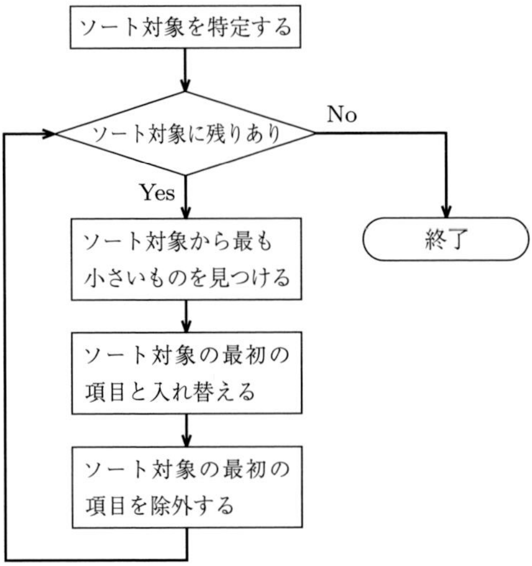

図 9.1　選択ソートアルゴリズムの例

3. ソート対象から最も小さなものを見つける
4. ソート対象の最初の項目と入れ替える
5. ソート対象から最初の項目を除外し2から繰り返す

まず，ソート対象のリストを定義します．

In [1]:
```
ls = [3, 6, 1, 9, 2]  # ソート対象
```

次に，リストlのインデックス s 以降で最小値のインデックスを探す関数 `min_idx()` を定義します．

In [2]:
```
def min_idx(l, s):
  m = l[s]  # 仮に最初の要素を最小値とする
  m_idx = s  # 仮に最初の要素番号を最小値の要素番号とする
  for i in range(s, len(l)):
    if m > l[i]:     #最小値より小さい場合
      m = l[i]
      m_idx = i
  return m_idx  # 最小値の要素番号を返す
```

In [3]:
```
# lsに対してmin_idx()を計算する
print (min_idx(ls, 0))
```

Out[3]: 2

ソート範囲から最小値の要素を探して，最初の要素と入れ替えます．

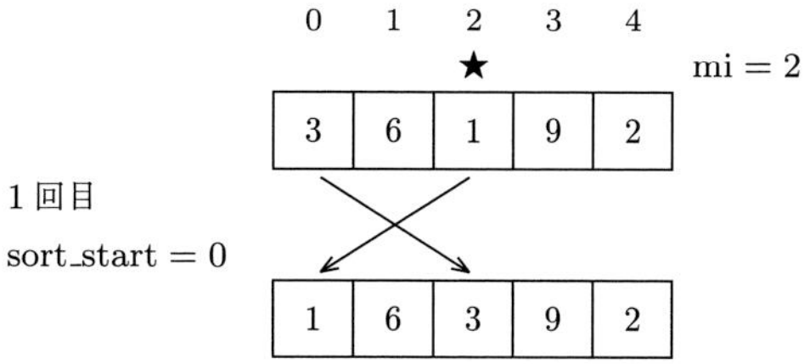

図 9.2 ソートの実行例：1ステップ

In [4]:
```
sort_start = 0  # 対象範囲 下限
mi = min_idx(ls, sort_start)
# 最小値の要素と最初の要素を入れ替える
tmp = ls[sort_start]
ls[sort_start] = ls[mi]
ls[mi] = tmp
ls
```

Out[4]: [1, 6, 3, 9, 2]

操作の結果，インデックス0の要素とインデックス2の要素を入れ替えることができました．インデックス0の要素に最小値が入ったので，次はインデックス1から最後の要素をソート範囲に指定し同じ処理を行い2番目に小さな要素を探します．アルゴリズムに従い，sort_startを1にして同じ操作を続けます．

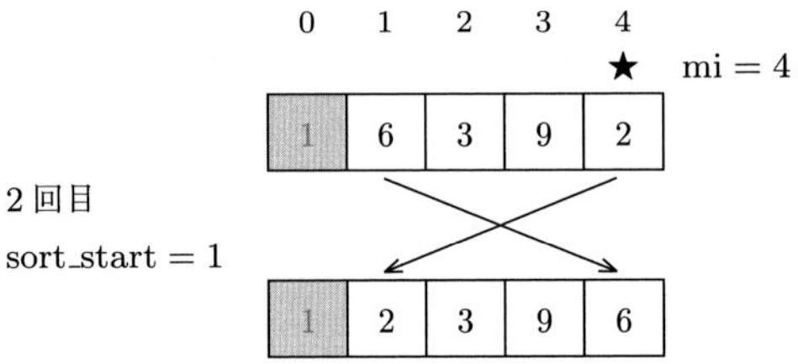

図 9.3　ソートの実行例：2ステップ

In [5]:
```
sort_start = 1  # 対象範囲 下限
mi = min_idx(ls, sort_start)
# 最小値の要素と最初の要素を入れ替える
tmp = ls[sort_start]
ls[sort_start] = ls[mi]
ls[mi] = tmp
ls
```

Out[5]:
```
[1, 2, 3, 9, 6]
```

インデックス1の要素に2番目に小さな数を入れることができました．インデックス2の要素に3番目に小さな数を入れる，インデックス3の要素に4番目に小さな数を入れる，という操作を繰り返すことで，最終的にソートが完了します．（以下のプログラム例では sort_start = 2 を省略しています．）

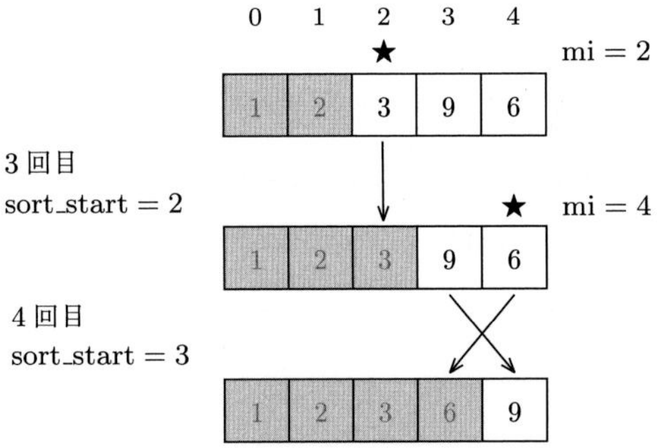

図 9.4　ソートの実行例：3, 4ステップ

In [7]:
```
sort_start = 3  # 対象範囲 下限
mi = min_idx(ls, sort_start)
# 最小値の要素と最初の要素を入れ替える
tmp = ls[sort_start]
ls[sort_start] = ls[mi]
ls[mi] = tmp
ls
```

Out[7]:
```
[1, 2, 3, 6, 9]
```

上記の結果を利用し，範囲を変更した繰り返しを自動的に実施するようにしたプログラム selection_sort を次に示します．

In [8]:
```
def selection_sort(l):
  sort_start = 0
  while sort_start < len(l):
    mi = min_idx(l, sort_start)
     # 最小値の要素と最初の要素を入れ替える
    tmp = l[sort_start]
    l[sort_start] = l[mi]
    l[mi] = tmp
     # 対象範囲を変更する
    sort_start += 1
```

定義した関数を利用してソートを実行してみます．

In [9]:
```
ls = [3, 6, 1, 9, 2]
selection_sort(ls)
ls
```

Out[9]:
```
[1, 2, 3, 6, 9]
```

`min_idx()` を使い繰り返し実行した場合と同じ結果が得られました．

ソート関数を複数回実行する場合

一度ソートを実行してしまうと，リストの中身が変わってしまいます．途中でエラーが出た場合は途中までソートが行われていることがありますので，ソートされる前のリストを再度評価する必要があります．

9.2　選択ソートの実行時間

選択ソートを使って大きなリストのソートを行ってみます．

まず，乱数を1000個含むリストを作成します．乱数の生成のため，random モジュールを利用しています．random.sample() を使って0から999までの数値のリストから重複なく1000個の要素をランダムに選択しています．

In [1]:
```
import random
l = random.sample(list(range(1000)), k = 1000)
```

生成したリストをソートしてみます．

In [2]:
```
selection_sort(l)
l
```

```
[0,
1,
2,
3,
4,
5,
6,
⋮
```

ソートにかかる時間を調べてみます．

In [3]:
```
%%time
selection_sort(l)
```

```
CPU times:  user 29.4 ms, sys:  0 ns, total:  29.4 ms
Wall time:  29 ms
```

発生する乱数を10,000個に増やして時間を測定してみます．

In [4]:
```
l = random.sample(list(range(10000)), k = 10000)
```

In [5]:
```
%%time
selection_sort(l)
```

```
CPU times:  user 2.77 s, sys:  0 ns, total:  2.77 s
Wall time:  2.77 s
```

扱うデータ量は 10 倍ですが，処理時間は約 100 倍に増加しています．これは，選択ソートアルゴリズムを使った場合，計算にかかる処理量がデータ量の 2 乗に比例して増加するためです．データ量をさらに 10 倍にして，100,000 個にした場合，データ量が 1,000 個の場合に比べて処理時間が 10,000 倍になることが予測されます（約 300 秒）．

random.sample() の引数

random.sample() の引数 k はオプション引数になります．オプション引数については，コラム 7 を参照．

演 習 問 題

9.1 処理時間に関する考察

選択ソートアルゴリズムの処理時間がデータ量の 2 乗に比例する理由を考えなさい．

9.2 データを大きい順番に並べる

1. 選択ソートのアルゴリズムを改造し，データを大きい順番にソートするプログラムを作成しなさい．
2. データを 1000 個ランダムに発生し，その処理時間を測りなさい．

9.3 文字列データのソート

文字データは「<」や「>」演算子を使うことで，文字コードの順番で大小を比較することができます．

例

In [1]:
```
"a" < "b"
```

```
True
```

In [2]:
```
"c" > "f"
```

```
False
```

また，ランダムな文字列は次にように発生させることができます．

In [3]:
```
alphabet = [ 'a', 'b', 'c', 'd', 'e', 'f', 'g', 'h',
'i', 'j', 'k', 'l', 'm', 'n', 'o', 'p', 'q', 'r', 's',
't', 'u', 'v', 'w', 'x', 'y', 'z']
```

In [4]:
```
l = random.sample(alphabet, len(alphabet))
```

1. 上記関数を使って，アルファベット26文字のランダムなリスト(l)を作成しなさい．
2. lを選択ソートを使って，アルファベットの逆順でソートしなさい．

9.4　月の名称の文字列によるソート

1. 英語表記の月の名称のリスト(month)を作成しなさい．
2. 作成したリストをソートすることで，アルファベット順に並べたときに5番目になる月を求めなさい．

9.5　月順のソート

英語表記の月の名称のリスト(month)を実際の月の順番に並べる方法を考えなさい．

ヒント：英語表記の月の名称と数字表記を下記のリストのリストとして用意します．

```
monthl = [['January', 1], ['February', 2], ['March', 3], ['April', 4],
          ['May', 5], ['June', 6], ['July', 7], ['August', 8],
          ['September', 9], ['October', 10], ['November', 11],
          ['December', 12]]
```

10 シミュレーションI 酔歩問題

10.1 シミュレーションとは

物理法則や確率・統計などを利用して，コンピュータの中で現実世界の事象を再現することを「シミュレーション」と呼びます．シミュレーションに利用する計算式やそのもととなる現象を「計算モデル」または単に「モデル」と呼びます．科学技術の世界では，実際の物理現象を実験により確認する代わりに，シミュレーションでモデルに従い結果を確認する方法が採られます．一般には，実験を行うよりシミュレーションのほうが容易に実現できるため，シミュレーションによる検証が広く用いられています．

また，大規模な自然現象など，実験を行うことが困難な現象や観測が難しい事象に関しても，シミュレーションを利用することで結果の予測を行うことができます．たとえば，気象予報では大気の状態を観測し数値化したデータをもとに，「気象モデル」に基づいて計算を行い，時間変化を求めます．気象モデルは流体力学や物理現象のモデルを含む複雑なものになっており，計算にはスーパーコンピュータが使われます．

ただし，シミュレーションはあくまでも計算モデルに従って計算した結果を示しているに過ぎません．計算モデルが正確ではなかったり，誤っている場合には結果も観測されるものとは異なる可能性があります．また，計算モデルがあっていても，シミュレーション計算の方法が正しくないと正確な結果が得られません．

本章では，簡単なモデルを作成しシミュレーションを行う方法について示します．

10.2　酔歩問題

酔歩問題とは，ランダムに人が歩いた場合の位置を計算する問題です．現在の状態から次の時点での移動方向や速度などを確率的に決めて計算します．酔歩問題のシミュレーションで用いるアルゴリズムは次のようなものになります．

図10.1に酔歩問題のアルゴリズムを示します．

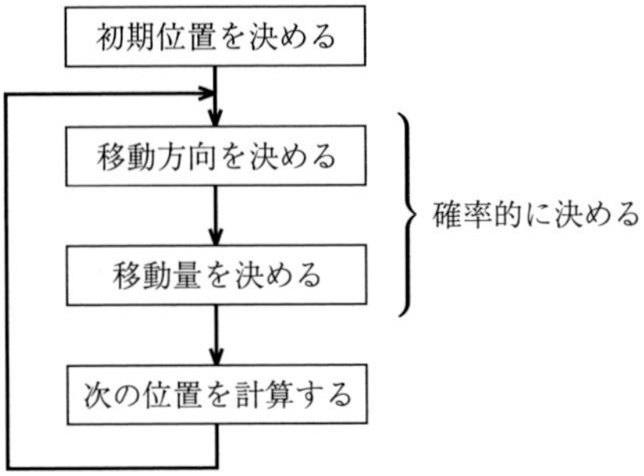

図10.1　酔歩問題のシミュレーション

1. 計算のはじめに初期位置を与えます．
2. 移動に関する計算のため，方向や移動距離を決めます． これらは何かの関数として決めてもよいですし，完全にランダムに決めることもできます．
3. 移動方向および移動距離をもとに次の位置を計算します．
4. 2と3の計算を繰り返すことで，位置の変化を計算します．

たとえば，分子の移動や分子同士の衝突を計算するような場合にも類似の計算方法が採られます．分子計算の場合には，複数の分子の移動や衝突などを計算する必要があるため，より複雑な計算が必要になります．

10.3　1次元の酔歩問題

1次元の酔歩問題は歩く方向を1次元に限定し，移動距離も1にしたものです．したがって，次の位置は，現在位置＋1または 現在位置－1になります．

図 10.2　1 次元の酔歩問題のモデル

1 次元の酔歩問題のモデルを図 10.2 に示します.

ここでは，0 以上 1.0 未満の実数を発生する random() を利用して，0.5 より大きい場合には + 方向に，それ以外の場合には − 方向に移動することにします.

移動する方向を決める関数 next_step() を次に示します.

In [1]:
```
import random
def next_step():
    if random.random() > .5:
        return 1
    else:
        return -1
```

ここでは，乱数を利用するため，random モジュールをインポートしています.

初期位置を決めて，次の位置を計算するプログラムは次のようになります.

In [2]:
```
pos = 0   # 初期位置
pos = next_step()
print(pos)
```

Out[2]:　1

5 ステップ分繰り返して実行してみます．繰り返しのために，for 文を使っています.

In [3]:
```
pos = 0
for i in range(5):
    pos += next_step()
    print(pos)
```

```
1
0
-1
-2
-3
```

乱数を利用した実行結果は，実行のたびに結果が異なります．

matplotlib を使って，100 ステップ実行した場合に結果をプロットしてみます．

In [4]:
```
%matplotlib inline
import matplotlib.pyplot as plt
pos = 0
pos_history = []  # 歩みを記録するリスト
for i in range(100):
    pos += next_step()
    pos_history.append(pos)  # リストに位置を記録する
plt.plot(pos_history)
plt.show()
```

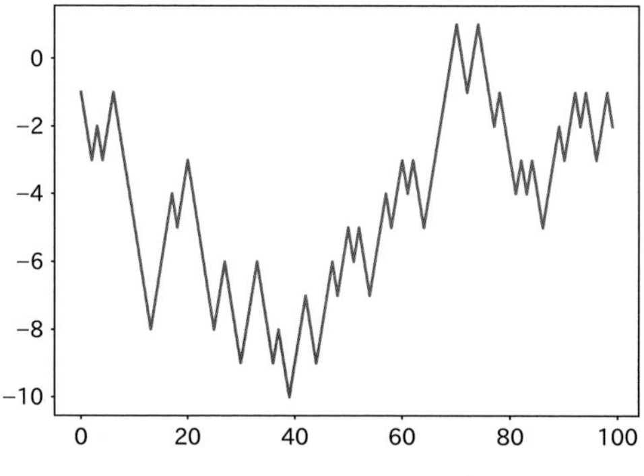

10.4　2次元の酔歩問題

2次元の酔歩問題は xy-平面を移動する問題です．簡単化のため，移動距離は1にしています．

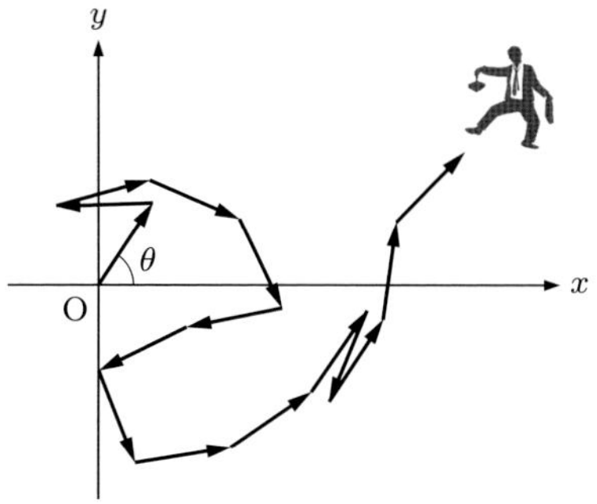

図 10.3　2次元の酔歩問題のモデル

2次元の酔歩問題のモデルを図 10.3 に示します．

この場合，移動方向を θ（以下のプログラムでは，変数 th で表す），現在位置を (x_n, y_n) とした場合，次の位置 (x_{n+1}, y_{n+1}) は以下の式で計算できます．

$$x_{n+1} = x_n + \cos\theta$$

$$y_{n+1} = y_n + \sin\theta$$

移動変位を決める関数 next_step2() を次に示します．

In [1]:
```
import math
def next_step2():
    th = random.random() * math.pi * 2  # 0〜2π の乱数
    return math.cos(th), math.sin(th)
```

この関数は，内部で移動角度 θ を $0{\sim}2\pi$ の間の乱数を生成し，x の変位と y の変位の2つの値を返します[1]．next_step2() を使って変位を求めるには，次のように2つの変数 dx, dy に返り値を代入します．

In [2]:
```
dx, dy = next_step2()
print (dx, dy)
```

```
-0.9992016056874954 0.03995186092700785
```

初期位置 posx, posy を与え，5ステップ分繰り返して実行してみます．繰り

[1] return 文で複数の値を指定することで，関数から複数の値を返すことができます．

返しのために，for 文を使っています．計算した位置は繰り返しごとに，print 文で印字しています．

In [3]:
```
posx = 0
posy = 0
for i in range(5):
    dx, dy = next_step2()
    posx += dx  # 変位を位置に加え，次位置を計算
    posy += dy  # 変位を位置に加え，次位置を計算
    print ("posx", posx, "posy", posy)
```

```
posx -0.06386299417777215 posy 0.997958675484436
posx 0.8160779582766412 posy 0.5228756088596405
posx 1.0479786172287786 posy -0.44986386519164145
posx 0.8385920527285271 posy 0.5279690789285605
posx 1.2453459051626357 posy -0.3855687164198375
```

位置の記録をリスト xlist, ylist に記録することで，酔歩の軌跡をプロットしてみます．1 次元の酔歩問題と違いこのプロットでは，x, y 座標をプロットしています．

In [4]:
```
import matplotlib.pyplot as plt
posx = 0
posy = 0
xlist = []  # x 位置の記録用リスト
ylist = []  # y 位置の記録用リスト
for i in range(100):
    dx, dy = next_step2()
    posx += dx
    posy += dy
    xlist.append(posx)  # x 位置を記録する
    ylist.append(posy)  # y 位置を記録する
plt.plot(xlist, ylist)
plt.show()
```

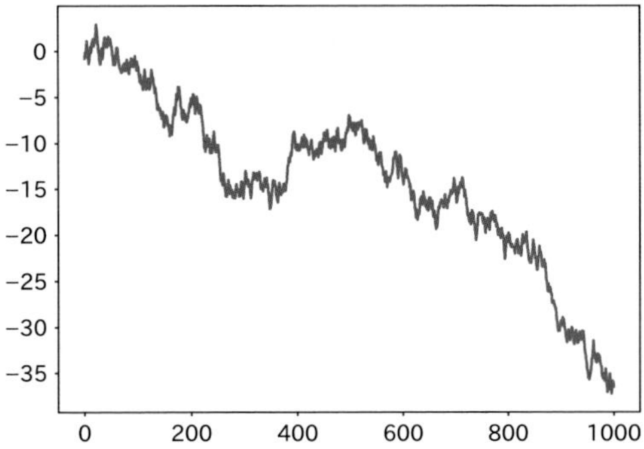

演 習 問 題

10.1　ヒストグラム

1 次元の酔歩問題で，1000 ステップ実行した場合の位置のヒストグラムを作成しなさい．ただし，ヒストグラムの作成には `plt.hist()` を使用しなさい．

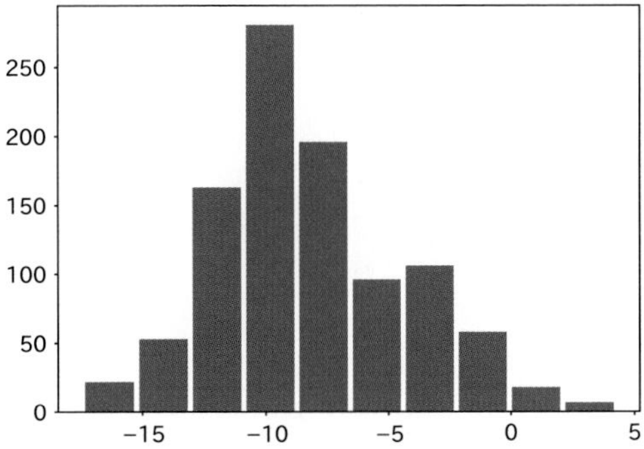

図 10.4　1 次元の酔歩問題のヒストグラムの例

10.2　1 次元の酔歩（連続移動）

1 次元の酔歩問題で，歩く距離および方向が -1 から $+1$ の範囲でランダムに連続的に変化する場合のプログラムを作成しなさい．

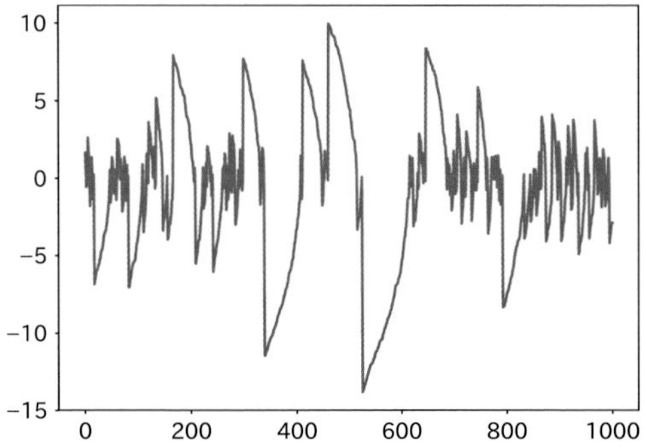

図 10.5　1次元の酔歩問題（連続移動）の例

10.3　1次元の酔歩（連続移動）のヒストグラム

1次元の酔歩（連続移動）で1000ステップ実行した場合の位置のヒストグラムを作成しなさい.

ただし，ヒストグラムの作成には`plt.hist()`を使用しなさい.

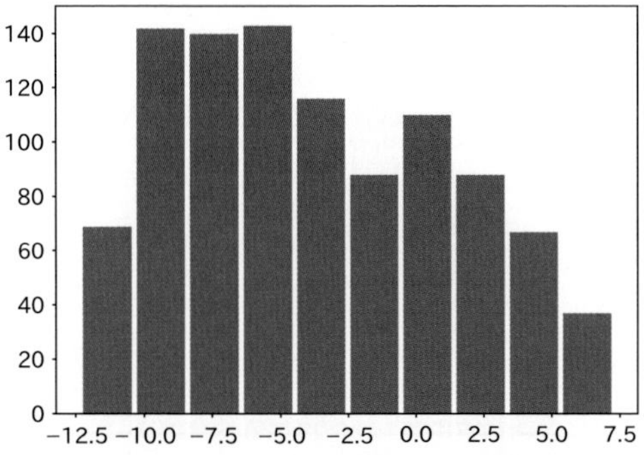

図 10.6　1次元の酔歩問題（連続移動）ヒストグラムの例

10.4　移動距離が関数で与えられる場合の1次元の酔歩

1次元の酔歩問題で，移動距離および方向が次の式で与えられる場合のシミュレーションを実施して，位置の履歴とヒストグラムを表示しなさい.

現在地の座標を x とした場合，次の移動距離 $d(x)$ は次の式で与えられるとする.

$$\begin{cases} d(x) = 2 - \texttt{random()} & (|x| < 0.1) \\ d(x) = -\dfrac{2}{x}\texttt{random()} & (\text{それ以外}) \end{cases} \tag{10.1}$$

ただし，`random()` は 0 以上 1 未満の乱数とする．

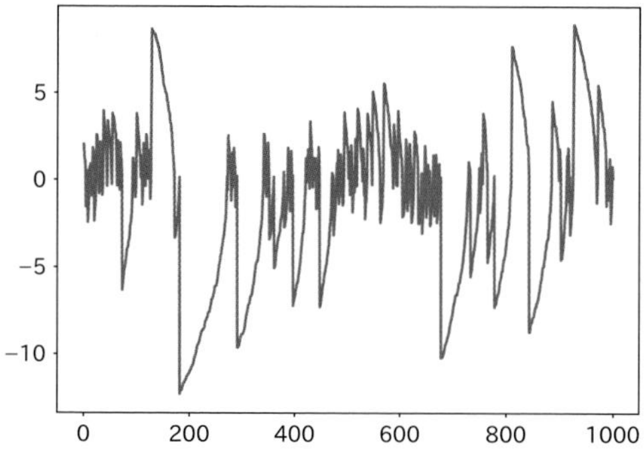

図 10.7　移動距離が関数で与えられる 1 次元の酔歩の例

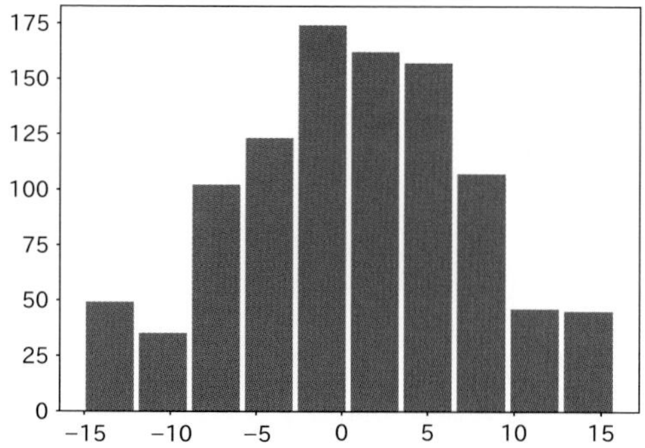

図 10.8　移動距離が関数で与えられる 1 次元の酔歩のヒストグラムの例

11 シミュレーションII モンテカルロ法

11.1 モンテカルロ法とは

シミュレーション (simulation) という言葉の意味は「まねること」です．前章で既に説明しましたが，コンピュータシミュレーションとは，コンピュータを使って，自然現象や社会現象などの事象のまねをすることであり，より具体的には，次の順序でコンピュータの中で事象を再現し，目的にあった答えを得ることです．

1. **モデルの決定**
   ある事象に対し，シミュレーションの目的と，数式による単純化した表現（モデル）を決める．
2. **アルゴリズムの検討**
   数式を解いて目的にあった答え（解）を得るための手順（アルゴリズム）を考える．
3. **プログラムの作成**
   手順をコンピュータが実行できるような処理命令（プログラム）に書き直す．

本章では，このアルゴリズムの例として，モンテカルロ法を取り上げます．モンテカルロ法とは，ある事象が確率的な振る舞いをするときに，確率分布や乱数を使って解を得ようとするアルゴリズムの総称です．モンテカルロ法の手順を次に示します．

1. **確率分布の推定**
   ある事象を表すモデルに含まれる確率変数を取り出し，過去のデータなどから確率分布を推定する．

2. **試行用データの作成と事象モデルの試行**
   確率分布に従う乱数を発生させ試行用データを作成し，それらを使ってモデルを試行し解を作成する[1]．
3. **事象の確認**
   2 を何度も行い，解の分布を確認する．

モンテカルロ法は，確率的な振る舞いをする事象であれば，どのような事象に対しても適用することができます．また，確率分布はどのような分布でも構いません．ただし，解の分布を確認するために，何度も試行を行うことが必要です．

それでは，例題を通じて具体的にモンテカルロ法を学んでいきましょう．

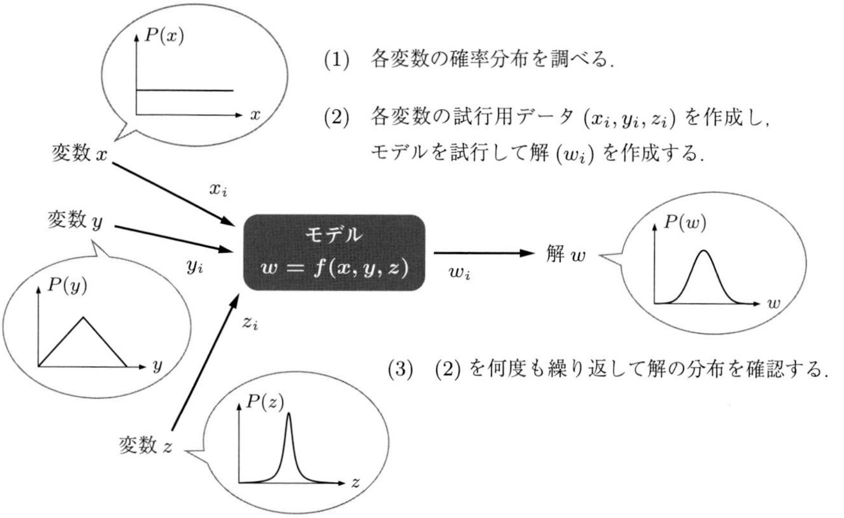

図 11.1 モンテカルロ法の概要

11.2 カレーライス費用の見積もり

花子さんは，カレーライスを作ろうとしています．スーパーマーケットまで材料の買い物に出かける予定ですが，手持ちのお金が不足しないように材料す

[1] 試行用データの集合およびそれらから作成した解の集合を，本章ではそれぞれ（データの）サンプル，（解の）サンプルと呼びます．また，サンプルを構成する要素の数をサンプルの大きさ（サンプルサイズ），サンプルを構成する一つひとつの要素の値をサンプル値と呼びます．

表 11.1　カレーライス（12 皿分）の材料費の内訳

材料	数量	単価（円）	値段（円）
カレールー	1 箱	300	300
肉	500 グラム	x（100 グラム）	$5x$
玉ねぎ	4 個	y	$4y$
じゃがいも	3 個	z	$3z$
にんじん	1 個	70	70
サラダ油	大さじ 2	—	—
水	1400 ml	—	—

べての費用としてどれくらい準備すればよいか，事前に見積もりたいと考えています．

カレーライスを作るための材料とそれぞれの値段は，表 11.1 に示されている通りです．材料のうち，スーパーマーケットで買う必要があるのは，カレールー，肉，玉ねぎ，じゃがいも，にんじんです．肉，玉ねぎ，じゃがいもについては，そのときどきで値段が変わるので，肉 100 グラムの値段を x 円，玉ねぎ 1 個の値段を y 円，じゃがいも 1 個の値段を z 円と変数で表しています．

花子さんは，表に書かれた通りの分量でカレーライスを作ろうと考えていますので，カレーライスの費用を w 円とすると，w は次の式で計算できます．370 円は，カレールーとにんじんの値段の合計です．

$$w = 5x + 4y + 3z + 370 \tag{11.1}$$

スーパマーケットで肉，玉ねぎ，じゃがいもが販売されるときの値段の確率分布を表 11.2 に示します．各材料の値段は，実際には特定の曜日に特売日があったりするので，曜日ごとに値段の偏りがありますが，ここでは確率的に表されると仮定しています．確率的に表されるとは，曜日ごとなどの偏りを無視し，たとえば肉であれば，表 11.2 (a) に従って，0.23 の確率で 250 円，0.32 の確率で 260 円，$\cdots$，0.03 の確率で 300 円で売られているというように単純化して値段を表すことができるということを意味しています．

それでは，シミュレーションを行ってカレーライスの費用を見積もってみましょう．

表 11.2 各材料費の確率分布

(a) 肉

x：肉 100 グラムの値段（円）	$P(x)$：確率
250	0.23
260	0.32
270	0.21
280	0.14
290	0.07
300	0.03

(b) 玉ねぎ

y：玉ねぎ 1 個の値段（円）	$P(y)$：確率
30	0.23
40	0.32
50	0.28
60	0.11
70	0.04
80	0.02

(c) じゃがいも

z：じゃがいも 1 個の値段（円）	$P(z)$：確率
20	0.10
30	0.25
40	0.30
50	0.25
60	0.08
70	0.02

11.2.1 材料費の確率分布の確認

最初に，各材料費の確率分布をリストに格納して，プログラムで扱えるようにします．変数 x に，肉の 100 グラムの値段の分布を示すリストを代入します．また，変数 Px に，100 グラムの値段の確率分布を示すリストを代入します．

```
In [1]: x = [250, 260, 270, 280, 290, 300]
        Px = [0.23, 0.32, 0.21, 0.14, 0.07, 0.03]
```

同様に，変数 y と変数 Py に，玉ねぎ 1 個の値段の分布を示すリストとその確率分布を示すリストを，それぞれ代入します．

In [2]:
```
y = [30, 40, 50, 60, 70, 80]
Py = [0.23, 0.32, 0.28, 0.11, 0.04, 0.02]
```

今度は，変数 z と変数 Pz に，じゃがいも 1 個の値段の分布を示すリストとその確率分布を示すリストを，それぞれ代入します．

In [3]:
```
z = [20, 30, 40, 50, 60, 70]
Pz = [0.10, 0.25, 0.30, 0.25, 0.08, 0.02]
```

ここで，それぞれの材料費の確率分布をグラフで表示して，値を確認してみましょう．まず，グラフを表示するための準備として，matplotlib パッケージをインポートします．

In [4]:
```
%matplotlib inline
import matplotlib.pyplot as plt
```

それでは，肉の 100 グラムの値段の確率分布について，横軸を x，縦軸を Px としたグラフで表示してみましょう．折れ線グラフで表示するために，`plt.plot()` を呼び出します．

In [5]:
```
plt.plot(x, Px)
plt.show()
```

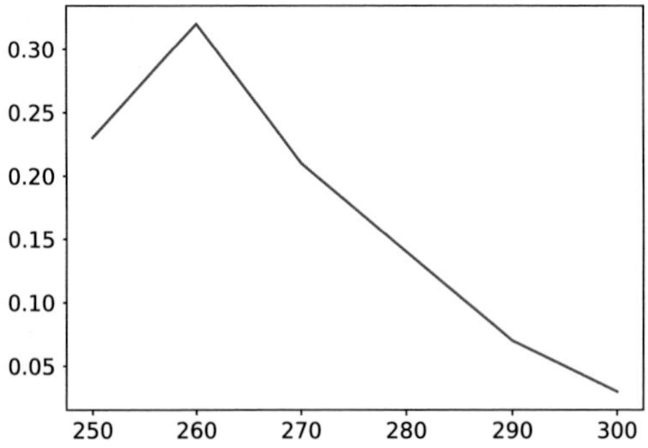

図 11.2　肉の 100 グラムの値段の確率分布

同様に，玉ねぎ 1 個の値段の確率分布をグラフで表示します．

In [6]:
```
plt.plot(y, Py)
plt.show()
```

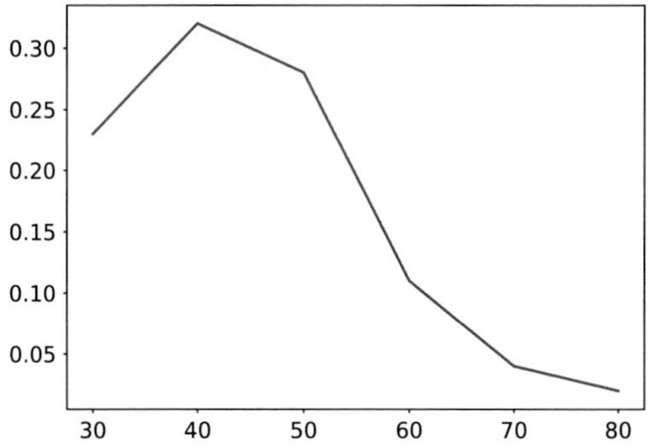

図 11.3 玉ねぎ 1 個の値段の確率分布

じゃがいも 1 個の値段の確率分布についても，グラフで表示してみましょう．

In [7]:
```
plt.plot(z, Pz)
plt.show()
```

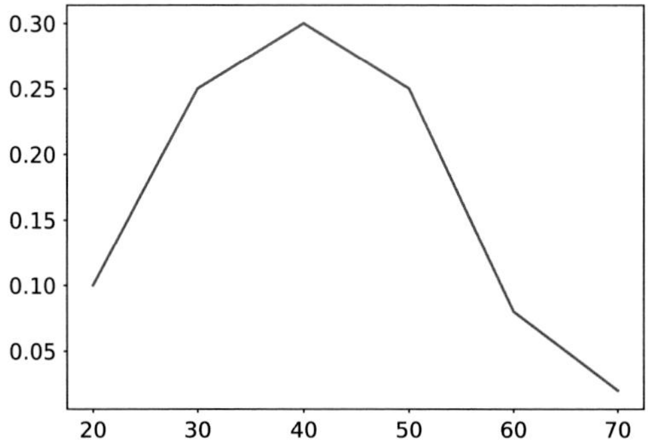

図 11.4 じゃがいも 1 個の値段の確率分布

カレーライスの費用の最大値は，それぞれの材料の値段が最大のときですから，式 (11.1) から $5 \times 300 + 4 \times 80 + 3 \times 70 + 370 = 2400$ となります． したがって，2,400 円を持って買い物に出かければお金が不足することはないのですが，それぞれ材料の値段の確率分布のグラフに示されるように，すべての材料費が同時に最大となることは，ほとんどないように思います．それでは，どれくらいお金を準備すれば，大抵の場合は大丈夫といえるでしょうか．シミュレーションで確認してみましょう．

11.2.2　材料費サンプルの作成とカレーライス費用の試算

カレーライスの材料費は確率的に決まると仮定したので，乱数を使って材料費のサンプルを作成してみましょう．乱数を使って材料費のサンプルを作成するとは，サイコロを振って出た面の数で材料の値段を決めるということです．たとえば，肉の場合では，サイコロの各面に250円，260円，···，300円と書いてあり，振って出た面の数の値段になるということです．ここで注意してほしいのは，通常のサイコロであれば，すべての面は同じ確率で出ますが，今回のサイコロは，それぞれの面の出る確率は表11.2 (a) の確率分布に従います．

このように確率分布に従ってサンプルを作成するためには，random モジュールに含まれる `random.choices()` を利用します．それでは，肉の値段のサンプルを作ってみましょう．まず，random モジュールをインポートします．

In [8]:
```
import random
```

`random.choices(サンプル, weights='確率分布', k='サンプルサイズ')` は，指定した「サンプル」の中から「確率分布」に従って「サンプルサイズ」個の値を取り出す関数です．肉100グラムの値段のサンプルは，肉の値段分布 x，それぞれの値段が選ばれる確率 Px，サンプルサイズ $= 1$ を指定して作成します．

In [9]:
```
x_samples = random.choices(x, weights=Px, k=1)
xi = x_samples[0]
print("肉100グラムの値段のサンプル値は", xi, "円です．")
```

```
肉100グラムの値段のサンプル値は 260 円です．
```

`random.choices()` は，引数 k で指定したサイズのサンプルをリストに入れて返します．ここでは，サイズ1のサンプルをリストに入れて返しますので，そのリストをいったん x_samples に代入し，その後，リストのインデックス 0 の要素を xi に代入しています．

同様に，玉ねぎ 1 個の値段のサンプルを作成します．

In [10]:
```
y_samples = random.choices(y, weights=Py, k=1)
yi = y_samples[0]
print("玉ねぎ 1 個の値段のサンプル値は", yi, "円です．")
```

```
玉ねぎ 1 個の値段のサンプル値は 30 円です.
```

じゃがいもについても，同じように値段のサンプルを作成します．

In [11]:
```
z_samples = random.choices(z, weights=Pz, k=1)
zi = z_samples[0]
print("じゃがいも 1 個の値段のサンプル値は", zi, "円です．")
```

```
じゃがいも 1 個の値段のサンプル値は 30 円です.
```

それぞれの材料の値段のサンプルを作成できるようになりましたので，カレーライスの費用を試算してみましょう．材料費のサンプル x_i, y_i, z_i を使って計算されるカレーライスの費用を w_i とすると，式 (11.1) を使って次のように計算できます．

In [12]:
```
wi = 5*xi + 4*yi + 3*zi + 370
print("カレーライスの費用のサンプル値は", wi, "円です．")
```

```
カレーライスの費用のサンプル値は 1880 円です.
```

11.2.3 試行の繰り返しによるカレーライス費用の確認

カレーライスの費用を試算することはできるようになりましたので，試算を何度も行って，カレーライス費用の分布を求めその特徴を確認します．

まず，前節で作ったカレーライス費用の計算プログラムを使いやすくするために，すべての材料の値段の分布とその確率分布 x, Px, y, Py, z, Pz を入力すると，カレーライスの費用のサンプル値 w_i を出力する `CurryCost()` を作ります．

In [13]:
```
def CurryCost(x, Px, y, Py, z, Pz):
    x_samples = random.choices(x, weights=Px, k=1)
    xi = x_samples[0]
    y_samples = random.choices(y, weights=Py, k=1)
    yi = y_samples[0]
    z_samples = random.choices(z, weights=Pz, k=1)
    zi = z_samples[0]
    wi = 5*xi + 4*yi + 3*zi + 370
    return wi
```

一度，CurryCost() の動作を確認します．

In [14]:
```
wi = CurryCost(x, Px, y, Py, z, Pz)
print("カレーライスの費用のサンプル値は", wi, "円です．")
```

```
カレーライスの費用のサンプル値は 1880 円です．
```

それでは，いよいよコンピュータシミュレーションの本領発揮です．実際には買い物を 100,000 回も繰り返すことは難しいですが，コンピュータの中であれば簡単です．カレーライスの費用のサンプル値を記録するリストを costs として，関数 CurryCost() を 100,000 回呼び出して w_i を記録します．また，後でシミュレーションの結果を確認しやすいように sort() を使って，リスト costs に格納された費用を小さい値の順に並べ替えます．

In [15]:
```
costs = []
for i in range(100000):
    wi = CurryCost(x, Px, y, Py, z, Pz)
    costs.append(wi)
costs.sort()
```

100,000 回計算したカレーライス費用をヒストグラムで表示して，分布の様子を確認してみましょう．ヒストグラムを作成するためには，plt.hist() を呼び出します．

In [16]:
```
plt.hist(costs)
plt.show()
```

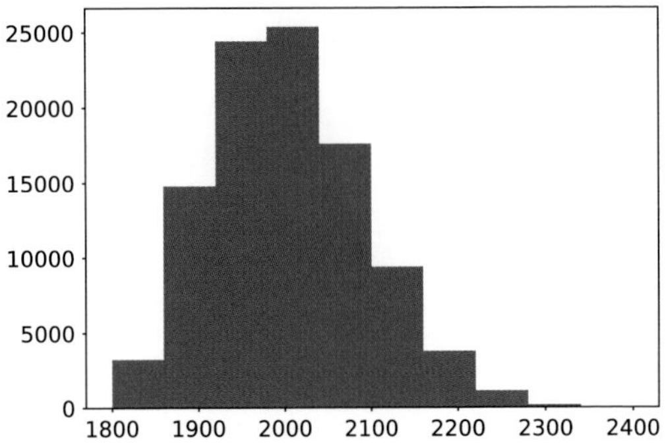

図 11.5 カレーライスの費用の分布

今回のシミュレーションの目的は，カレーライスの材料の買い物に出かけるときに，どれくらいお金を準備すれば不足することがないか，事前に見積もることでした．シミュレーションでは 100,000 回試行を行いましたが，その試行結果において，大きな値の上位 1%を除き残り 99%を含む集合の最大値であれば，99%の確率でカレーライス費用は不足することはないといえます．これは，小さい順に並べたリスト costs において 99,000 番目の要素の値に相当します．

```
In [17]: costs[(99000)]
```

```
2180
```

これは，100,000 回買い物に出かけたとき，99,000 回は 2,180 円以下であるということを示しています．以上のシミュレーションにより，2,180 円用意すれば 99%の確率で費用が足りると確認できましたので，花子さんは 2,180 円を用意して買い物に出かけました（なお，この 2,180 という値は，シミュレーションによって多少変化することがあります）．

演 習 問 題

11.1 モデルの分布

x, y, z は，表11.3に示す確率分布をもつ確率変数です．変数 w が，

$$w = 3x + 2y + z \tag{11.2}$$

と表されるとします．このとき，モンテカルロ法を用いて w の値を100,000回求めヒストグラムに表示し，その平均と分散を求めなさい．

表11.3 変数の確率分布

(a) 確率変数 x

x	$P(x)$：確率
0	0.05
1	0.10
2	0.15
3	0.20
4	0.20
5	0.15
6	0.10
7	0.05

(b) 確率変数 y

y	$P(y)$：確率
2	0.20
3	0.25
4	0.25
5	0.20
6	0.10

(c) 確率変数 z

z	$P(z)$：確率
6	0.20
7	0.45
8	0.25
9	0.10

11.2 1カ月の昼食代の見積もり

1回の昼食代は確率的に表すことができると仮定して，1カ月（30日）間に必要な昼食代を，モンテカルロ法を使って見積もりなさい．1回の昼食代 x とその確率分布 $P(x)$ は，表11.4に示す通りです．なお，「必要な昼食代」とは，99%の確率で不足することはない昼食代と解釈してください．また，30回分の昼食の値段を重複ありでランダムに選ぶには，`random.choices(x, weights=Px, k=30)` を使いなさい．

表 11.4　昼食 1 回の費用の確率分布

x：昼食 1 回の費用（円）	$P(x)$：確率
0	0.13
100	0.00
200	0.00
300	0.10
400	0.23
500	0.30
600	0.17
700	0.00
800	0.07

11.3　1 カ月の販売数

スーパーマーケットでは，ある商品の 1 カ月（30 日）間の販売可能数を推定して，1 カ月の在庫数を調整しようとしています．ある商品の 1 日の販売数 x は確率的に表されると仮定し，その確率分布 $P(x)$ は，表 11.5 に示す通りです．モンテカルロ法により 1 カ月間の平均の販売数と，99.9%の確率で在庫不足になることはない在庫数を推定しなさい．

表 11.5　ある商品の 1 日の販売台数の確率分布

x：ある商品の 1 日の販売数（個）	$P(x)$：確率
0	0.007
1	0.034
2	0.084
3	0.140
4	0.176
5	0.176
6	0.147
7	0.105
8	0.066
9	0.037
10	0.019
11	0.009

A Windows11 への Jupyter Notebook の導入方法

A.1 Python の導入

Python のインストールにはインターネット環境が必要です．ネットワークの接続を確認後，以下の手順で Python を導入します．

1. Python 公式ページからインストーラをダウンロードします．

   `https://www.python.org/downloads/`

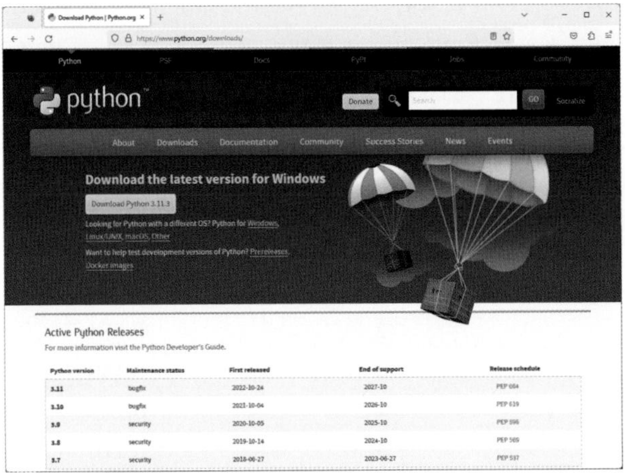

図 **A.1**　Python Download ページ

2. インストーラ実行

   インストーラでは，「Add Python to PATH」をチェックします．

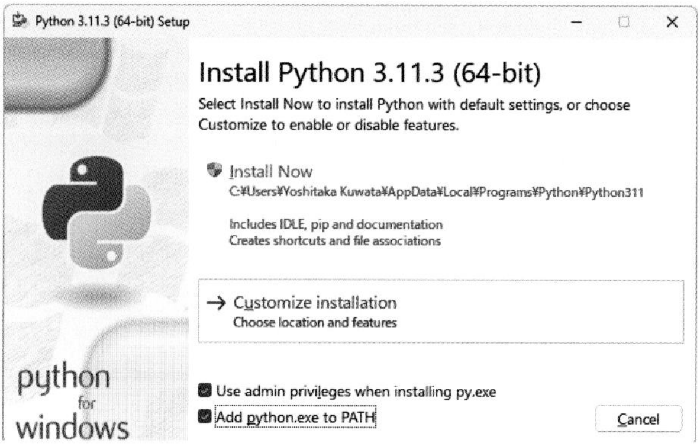

図 A.2　インストーラ実行画面

3. Python の動作確認をします.
   Windows メニューから Windows PowerShell を開いて python コマンドを実行します. Windows 11 では Windows メニューから PowerShell で検索すると出てきます.

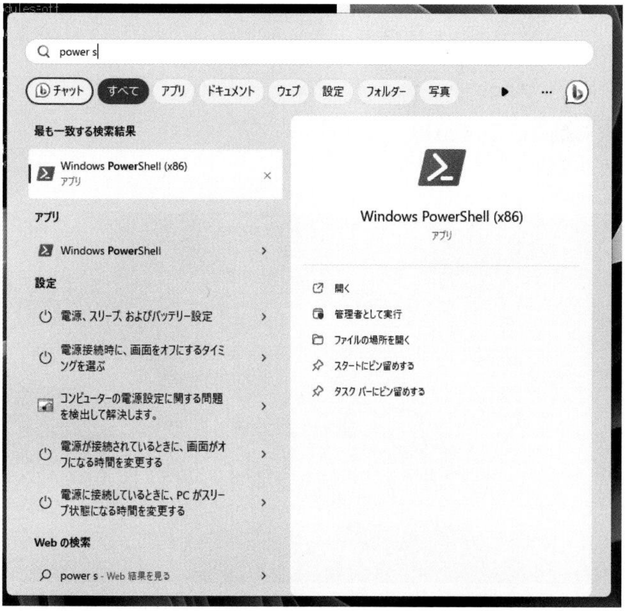

図 A.3　Windows PowerShell の起動

以下のコマンドで動作の確認をします．

```
PS C:¥> python -c 'print(¥"Hello¥")'
```

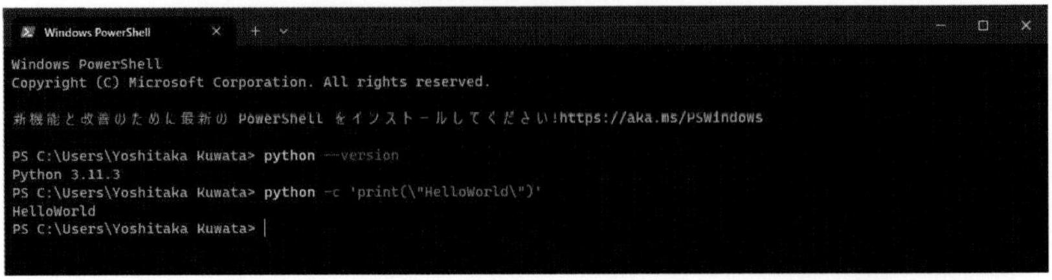

図 A.4　python の動作確認

うまく動作しない場合には，環境変数 PATH が正しく設定されているか確認してください．

A.2　Jupyter Notebook の導入

以下の手順で Jupyter Notebook を導入します．

1. Windows PowerShell（管理者）から python および pip コマンドを使って Jupyter Notebook をインストールします．

```
PS C:¥> python -m pip install -U pip
PS C:¥> pip install jupyter
```

図 A.5　Jupyter Notebook のインストール

執筆している時点で Jupyter Notebook の version 7 が配布されて導入されます.

2. Jupyuter Notebook を実行します.

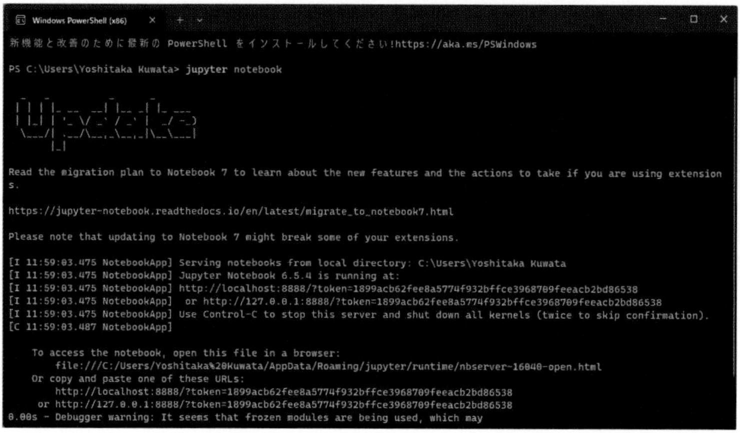

図 A.6 Jupyter Notebook の起動

自動的にブラウザが開きます.

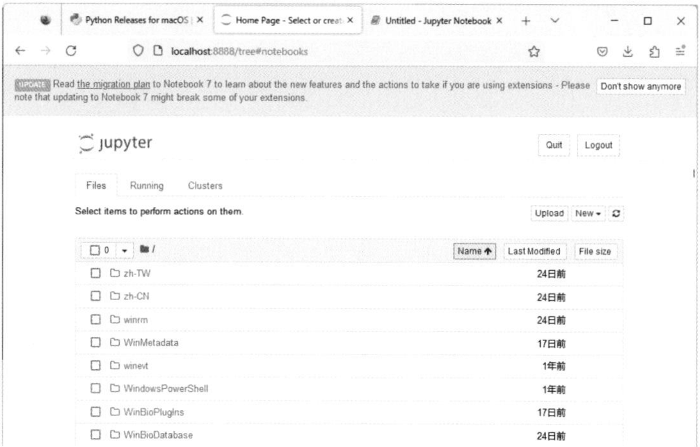

図 A.7 Jupyter Notebook の動作確認

開かないときは, ブラウザで以下のアドレスを入力します.

`http://localhost:8888/`

3. 実際に Jupyter Notebook 上で Python のプログラムを動かしてみます.

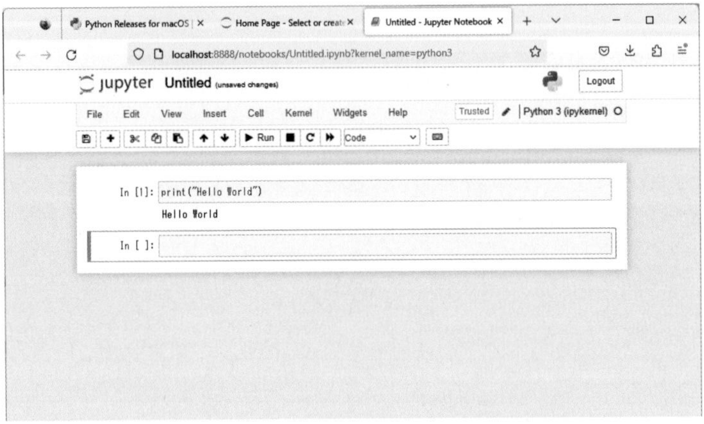

図 A.8　Jupyter Notebook の上でプログラムを動かしてみる

B デバッグ（虫とり）の方法

本章では，プログラムが正しく動作するように修正するためのテクニックを紹介します．どんなに習熟したプログラマーでも，書いたプログラムが最初から期待した通りに動作することは滅多にありません．うまく動かない原因を探して，不具合のある箇所を手直しすることが必要になります．昔のプログラマーたちは動作しない原因をコンピュータの中にいる虫に例え，手直しする作業を「デバッグ（虫とり）」と呼ぶようになりました．

プログラミングを学ぶなかで，発生したバグをとる作業に多くの時間を要することになります．英語のエラーメッセージを見ただけで尻込みする人もいると思いますが簡単な英語なので恐れることはありません．また，デバッグのテクニックを知っているかどうかでプログラム作成の効率は大きく違ってきますので，ぜひここで述べるテクニックを習得しておくことをお勧めします．

コラム 8　デバッグ（虫とり）の今と昔

集積回路が導入される前の初期のコンピュータシステムは，大きな部屋いっぱいのラックに収容されていました．ハードウェアが原因で動作しないことも多く，実際にコンピュータの中にいた本物の虫が原因で誤動作した場合もあったそうです．

今日のコンピュータシステムのハードウェアは集積回路により高い信頼性を確保するように設計をされているため，ハードウェアに起因する不具合はあまり発生しません．したがって，ソフトウェアに起因する不具合が主な原因となります．利用するソフトウェアによってその信頼性は異なりますが，Python などメジャーなプログラミング言語は多くの人が利用しており，不具合はあらかじめ知られている場合が多くなります．

プログラミング学習の場合に自分は正しいプログラムを作成しているはずなので，動かない原因をコンピュータ側にあると考える前に，まず自分のプログラムのバグを疑ってください．

B.1　うまく動かないことの分類学

一口にプログラムがうまく動かないといっても，様々なケースが考えられます．ここでは，まず系統立てて動かない原因を分類してみます．

図 B.1 はプログラムが動かない原因の分類です．

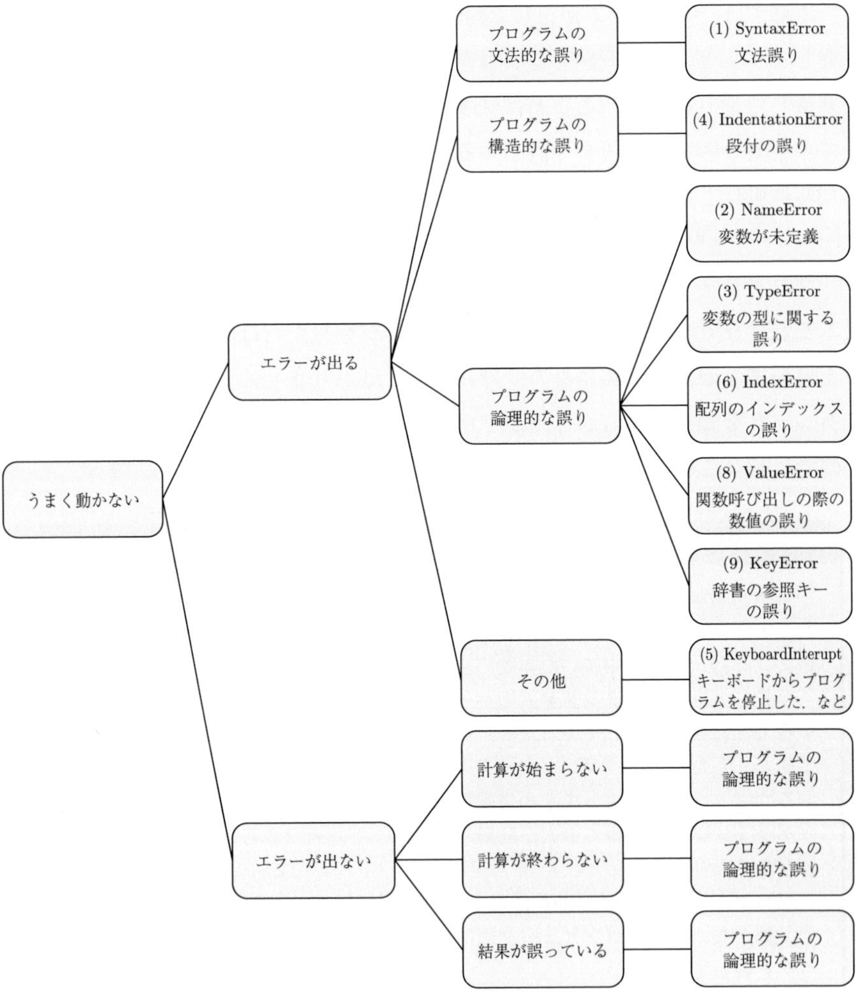

図 B.1　Python プログラムが動かない原因の分類

一番多いのは何かエラーが出て動かないケースです．エラーにも種類があり修正方法も異なります．エラーが出た場合には，エラーの発生箇所やエラーメッセージをヒントに誤っている箇所を見つけることができます．個別のエラーへの対応方法については，B.2 節で説明します．

また，プログラムは動くが結果が間違えていることや，計算が終わらないこともあります．これらのケースでは，プログラムの論理的なミスが考えられますが，ミスした箇所は自分で発見することが必要になります．

論理ミス発見のためのデバッグのテクニックについては B.3 節で述べます．なお，Python には専用のデバッグのための仕組みが用意されていますが，ここでは簡単なテクニックだけを説明します．

コラム 9　コンピュータと対話しながらデバッグする幸せ

エラーが出ると不安になったり失敗した気持ちになることがあると思いますが，実はエラーが出るのは幸せなことです．特に，Python で対話的にプログラムを作成している場合，Python はすぐにプログラムの誤りをエラーとしてレポートしてくれます．エラーは Python からのメッセージだと考えてください．

エラー箇所と不具合の内容はデバッグのための大きなヒントとなります．せっかく Python が示してくれているエラーの内容を確認しないことは，対話的なプログラミングのメリットを無駄にしています．

ただし，エラーのチェックには限界があることを意識しておくことが必要です．必ずしも，エラーの指摘内容が 100%正しいとは限りません．また，論理的な誤りは検出することができません．何のエラーメッセージも示されないにもかかわらず正しく動かないプログラムのデバッグは，自力解決が必要になり時間がかかります．

B.2　Python のエラーと対処方法

B.2.1　エラーメッセージの確認方法

実際にプログラムを作成し，セルを評価するとエラーが発生することがあります．プログラムの実行中に処理を続けられない状況が発生すると，Python 処理系はプログラムの実行を停止し，エラーを報告します．

例 入力行のエラー

セルに入力した式に誤りがある例を示します.

In [1]:
```
a = 10
print a
```

```
Cell In[1], line 2
  print a
  ^
SyntaxError: Missing parentheses in call to 'print'..
Did you mean print(...)?
```

この例では，プログラムの 2 行目の print 文に括弧「()」を入れ忘れています.

エラー 1 行目はエラー発生箇所を示しています．`line 2` となっていますので，入力の 2 行目であることがわかります．また，2, 3 行目ではエラーのあった行のエラー箇所を「^」で示しています．一番最後の行にエラーとして SyntexError が報告されています．具体的なエラー内容についても `Missing parentheses in call to 'print'` と表示されており，`print` 関数の呼び出しのエラーであることがわかります.

更に，エラーメッセージの中で「`print(...)` ではないですか？」`Did you mean print(...)?` と修正内容についても示してくれています.

このように，Python 処理系はエラー箇所とエラー内容を明示しますので，該当箇所を確認すれば誤りが見つかるはずです.

例 直前のセルに入力した式以外に起因するエラー

セルに入力した式にエラーはなくても，その式から呼び出している関数でエラーが発生する場合もあります．定義されている関数内でエラーが発生した場合を示します.

In [1]:
```
def f(a):
    return a + 1
```

```
In [2]: f(5)

Out[2]: 6

In [3]: f('j')

---------------------------------------
TypeError         Traceback (most recent call last)
  Cell In[3],line 1
  ----> 1 f('j')

  Cell In[1], line 2, in f(a)
     1 def f(a):
  ----> 2  return a + 1

TypeError:  Can't convert 'int' object to str implicitly
```

この例では，In[1] で関数 f() の定義を行い，In[2] で f(5) の評価を行って正しく実行されています．In[3] では文字を引数とし f('j') を評価しようとしてエラーが発生しています．

最後の行に TypeError が発生したことが報告されています．具体的内容は Can't convert 'int' object to str implicitly とありますので，整数を文字列に変換しようとして失敗していることがわかります．

エラー発生箇所は Traceback と呼ばれる形式で表示されています．エラー報告の 2, 3 行で，「In[3] の 1 行目で f('j') が呼ばれた」ことを示しています．さらに，エラー報告 4, 5 行で「関数 f() の 2 行目」でエラーが発生したことを示しています．

Traceback では時系列（実行順）にエラー箇所が表示されます，最も下に表示されたものが直近でエラーが発生した箇所を示しています．

エラーの種類とエラー箇所の把握

- エラーの種類はエラー報告の最後の行を調べなさい．

- エラーが発生した場所はその上の記述を見なさい．
- Traceback は直近の実行から（下から）調べなさい．

コラム 10　エラーと例外処理

エラーが出てしまうのはプログラムの腕が未熟なせいではありません．プログラム作成時に期待していた値と異なるものが入力されるなど，実行時にしか検出できない異常が発生します．プログラムの実行中に異常な事象が発生した場合，速やかに実行を停止し異常を放置しないことは重要です．

実行時に異常を検出した場合，プログラムの中で対処したい場合もあります．このため，Python ではプログラムを止める代わりに異常な場合の処理を自分で記述できる仕組みが備わっています．

また，Python ではエラーと呼ばず，例外と呼びます．

B.2.2　エラーの種類

本書で扱った範囲で，Python でよく発生するエラーには，表 B.1 のようなものがあります．Python の処理系で出る可能性のあるエラーは 50 種類ありますが，よくある 15 種類のみを示しています．

本書を使った実際の授業で発生したエラーの頻度は図 B.2 のようになりました．

`SyntexError` と `NameError`，`TypeError` で全体の 80%を占めています．これらの対処方法を理解していると，多くの場合にプログラムの修正方法がわかります．

B.2.3 項では発生頻度の順番に，エラーの意味とそれらの対応方法を記載しています．

B.2.3　エラーの詳細

本節の「エラー内容」では，特定の「関数名」の代わりに `FUNC()` と記載しています．実際のエラーでは定義した関数名が `FUNC()` の位置に入ります．また変数名は `'X'` または `'Y'` などと記載しています．

表 B.1 発生する主なエラー（発生頻度順）

エラー種別	説明
SyntaxError	文法誤り
NameError	名前の誤り
TypeError	型の誤り
IndentationError	段付けの誤り
KeyboardInterrupt	キーボードからの割り込み（停止要求）
IndexError	リストのインデックスの誤り
AttributeError	属性の誤り
ValueError	値の誤り
KeyError	辞書のキーの誤り
UnboundLocalError	変数のスコープの誤り
RecursionError	再帰に関する誤り
ModuleNotFoundError	モジュールが見つからない
ZeroDivisionError	ゼロで割った
OverflowError	計算結果に桁あふれが発生した
MemoryError	メモリが不足した

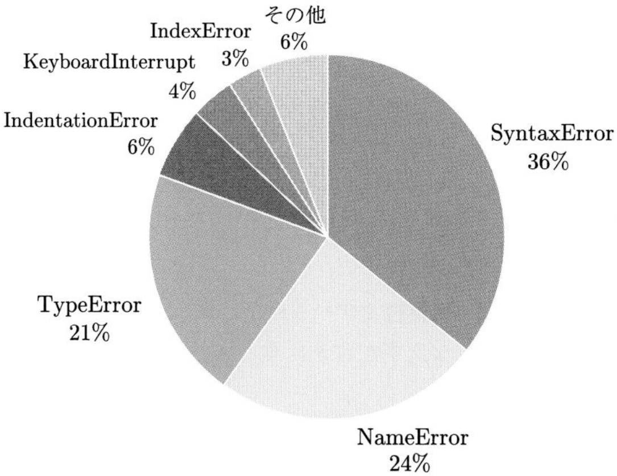

図 B.2 Python のエラー種別ごとの発生頻度

(1) SyntaxError

SyntaxErrorは文法の誤りです．次のようなものが発生します．

表B.2 SyntaxErrorの対応方法

エラー内容	説明	対応方法
`'return' outside function`	関数の外でreturn文が使用された	関数の定義を確認（段付けを確認）
`EOL while scanning string literal`	文字列の途中で行が終わった(End Of Line)	「'」や「"」の対応付けがあっているか
`Missing parentheses in call to 'X'`	関数'X'の呼び出しに()が付いていない	関数呼び出しの記述を確認
`cannot assign to function call`	関数の定義に代入できない	式の左辺を確認
`cannot assign to literal`	定数(literal)に代入できない	式の左辺を確認
`cannot assign to operator`	演算子に代入できない	式の左辺を確認
`invalid character in identifier`	識別子に無効な文字が含まれる	全角文字が入っていないか確認
`invalid syntax`	文法誤り	綴りの間違えなどを探す
`name 'X' is assigned to before global declaration`	グローバル宣言の前に変数'X'に値が代入された	グローバル変数の定義の順番を見直す
`positional argument follows keyword argument`	位置引数の前にキーワード引数が指定された	関数の引数の順番を見直す
`unexpected EOF while parsing`	プログラムの途中でファイルが終わった(End Of File)	'や"が対応しているか確認
`unexpected character after line continuation character`	行継続文字'\'の後に無効な文字が含まれる	全角文字が入っていないか確認

(2) NameError

NameError は変数が未定義の場合に発生します.

表 B.3 NameError の対応方法

エラー内容	説明	対応方法
`name 'X' is not defined`	変数'X'が未定義	綴りの間違えなどがないか確認

(3) TypeError

TypeError は変数の型に関するエラーです. 関数呼び出しなどで引数の数が合わない場合などにも発生します.

表 B.4 TypeError の対応方法

エラー内容	説明	対応方法
`'X' is an invalid keyword argument for FUNC()`	関数 FUNC() のキーワード引数'X'が無効である	キーワード'X'が誤っていないか
`'X' not supported between instances of X1 and X2`	X1 と X2 の間で 'X' という演算ができない	演算'X'を使う変数 X1 と X1 の型を確認
`'X' object cannot be interpreted as an integer`	'X' は整数として解釈できない	'X' の型を確認
`'X' object does not support item assignment`	'X' への代入ができない	式の左辺を確認
`'X' object is not callable`	'X' は呼び出しできない	関数でないものを関数のように呼び出している
`'X' object is not iterable`	for 文の繰り返しに'X' は使えない	'X' の内容を確認
`'X' object is not subscriptable`	'X' に添字は使えない	'X' はリストか確認
`FUNC() argument must be a string, a bytes-like object or a number, not 'X'`	FUNC() の引数は文字列かバイト列（bytes-like object, 組み込みデータ型の1つ）か数字でなければならない	引数を確認

FUNC() expected N arguments, got M	関数は N 個の引数が必要だが M 個渡された	関数呼び出しの引数の数を確認
FUNC() got an unexpected keyword argument 'X'	関数に渡されたキーワード引数'X' は無効	関数呼び出しのキーワード引数の書き間違え
FUNC() missing X required positional arguments: ...	関数に必要な X 個の引数が渡されていない	関数呼び出しの引数の数を確認
FUNC() must have at least two arguments.	関数に必要な 2 個以上の引数が渡されていない	関数呼び出しの引数の数を確認
FUNC() takes X arguments but Y were given	関数は X 個の引数が必要だが Y が渡された	関数呼び出しの引数の数を確認
argument of type 'X' is not iterable	for 文の繰り返しに'X' は使えない	'X' の内容を確認
bad operand type for unary +/-: 'X'	単項演算子+/-は'X' に使えない	'X' の型を確認
can only concatenate str (not "int") to str	文字列は文字列としか連結できない	引数を確認
cannot multiply sequence by non-int of type 'X'	文字列の掛け算 (*) が整数でない	整数に直す
list/tupple indices must be integers or slices, not X	リストのインデックスが整数でない	整数に直す
must be real number, not list	リストではなく数値でなければならない	リストを使っていないか確認
object of type 'X' has no len()	'X' には len() がない	'X' の型を確認(len() が使えるのはリストか辞書のみ)
string indices must be integers	文字列のインデクスが整数でない	インデックスを確認
unhashable type: 'list'	list は辞書のキーとして使えない	キーを確認
unsupported operand type	許されていない型の変数同士の演算	変数の型を確認

(4) IndentationError

IndentationError はプログラムの段付けの誤りの場合に発生します．

表 B.5 IndentationError の対応方法

エラー内容	説明	対応方法
`expected an indented block`	段付けがされていない	段付けを見直す
`unexpected indent`	段付けが正しくない	段付けを見直す
`unindent does not match any outer indentation level`	段付けレベルが一致していない	段付けを見直す

(5) KeyboardInterrupt

無限ループなどを止めるため，Jupyter Notebook の画面から手動でプログラムを停止した場合に発生します．厳密にはプログラムの誤りではありません．

(6) IndexError

IndexError はリストのインデックスに関するエラーです．

表 B.6 IndexError の対応方法

エラー内容	説明	対応方法
`list assignment index out of range`	代入しようとしているインデックスがリストのサイズを超えている	インデックスを確認
`list index out of range`	インデックスがリストのサイズを超えている	インデックスを確認
`string index out of range`	インデックスが文字のサイズを超えている	インデックスを確認

(7) AttributeError

AttributeError はオブジェクトやモジュールの属性に関するエラーです．

表 B.7　AttributeError の対応方法

エラー内容	説明	対応方法
`'X' object has no attribute 'Y'`	オブジェクト X には Y という属性がない	関数名などを間違えていないか確認
`module 'X' has no attribute 'Y'`	モジュール X には Y という属性がない	Module 内の関数名を間違えていないか確認
`type object 'X' has no attribute 'Y'`	オブジェクト X には Y という属性がない	関数名などを間違えていないか確認

(8)　ValueError

ValueError は関数の呼び出しなどの際に数値がおかしな場合に発生するエラーです．

表 B.8　ValueError の対応方法

エラー内容	説明	対応方法
`Sample larger than population or is negative`	母集団サイズよりもサンプルサイズが大きい，またはサンプルサイズが負の値になっている	`random.sample()` の代わりに `ramdom.choice()` を利用
`The number of weights does not match the population`	重みのリストが母数のリストと異なる	`ramdom.choice()` の引数のリストの長さが同じか確認
`X is not in list`	リストの remove で取り除く数値 X がリストに含まれていない	リスト内容を確認．一度実行して remove をされてしまったなど
`could not convert string to float:`	文字列を実数に変換できない	文字列の中に不要な文字が含まれていないか確認
`invalid literal for int() with base 10:`	`int()` で文字列を整数に変換する際に文字列に小数点が含まれる	いったん `float()` で実数に変換してから `int()` で整数に変換する
`math domain error`	計算結果が非常に小さい，または非常に大きい場合に発生	計算式を見直す

(9) KeyError

KeyError は辞書の参照の際に発生するエラーです.

表 B.9 KeyError の対応方法

エラー内容	説明	対応方法
`KeyError:key`	辞書に key がない	キーが正しいか確認

(10) UnboundLocalError

UnboundLocalError は変数を未代入で利用しようとした場合に発生するエラーです.

表 B.10 UnboundLocalError の対応方法

エラー内容	説明	対応方法
`local variable 'X' referenced before assignment`	ローカル変数`'X'`が代入前に参照された	変数名などのミスを確認

(11) RecursionError

RecursionError は再帰呼び出しに関するエラーです. Python ではディフォルトで最大 1000 回の再帰呼び出しができる設定になっていますが, それを超えるとエラーが出ます.

表 B.11 RecursionError の対応方法

エラー内容	説明	対応方法
`maximum recursion depth exceeded`	再帰呼び出しの最大数を超えた	再帰呼び出しの終了条件を確認
`maximum recursion depth exceeded in comparison`	再帰呼び出しの最大数を超えた	再帰呼び出しの終了条件を確認

(12) ModuleNotFoundError

ModuleNotFoundError はモジュールを import する際に発生します．

表 B.12　ModuleNotFoundError の対応方法

エラー内容	説明	対応方法
`ModuleNotFoundError: MODULE`	MODULE が見つからない	モジュール名のスペルミスを確認

(13) ZeroDivisionError

ZeroDivisionError はゼロによる徐算または剰余計算の際に発生します．

表 B.13　ZeroDivisionError の対応方法

エラー内容	説明	対応方法
`division by zero`	ゼロによる徐算	分母を確認
`float division by zero`	実数のゼロによる徐算	分母を確認
`integer division or modulo by zero`	整数のゼロによる徐算または剰余計算	分母を確認
`float modulo`	実数のゼロによる剰余計算	分母を確認

B.3　デバッグのテクニック

論理的な誤りの原因を特定するため、プログラムの実行途中で変数の値を確認する方法が使われます．

B.3.1　途中結果を出力してみる

プログラム中に `print()` を挿入し，確認したい変数の値を出力します．`print()` デバッグとも呼ばれます．

例 `print()` デバッグの実例

次の例は素数かどうかを返す関数 `is_prime()` を定義しています．

In [1]:
```
def is_prime(x):
    for i in range(2,x):
        if x % i == 0:
            return False
        return True
```

3は素数なので，引数3で呼び出すと True が返ります．

In [2]:
```
is_prime(3)
```

Out[2]: True

9は素数ではないのですが，引数9で呼び出すと True が返ります．どこかが誤っていることがわかります．

In [3]:
```
is_prime(9)
```

Out[2]: True

プログラムを少し眺めただけではすぐに原因がわからないため，for 文の中に print() を挿入し変数 i の値を出力してみることにします．（ここでは，デバッグのために挿入したプログラムを「デバッグコード」と呼ぶことにします．）

In [4]:
```
def is_prime(x):
    for i in range(2,x):
        print(i)
        if x % i == 0:
            return False
        return True
```

In [5]:
```
is_prime(9)
```

```
2
```

Out[5]: True

実行すると，print() 文からは2だけが表示されました．for 文の繰り返しを 1 回しか実行していないことがわかります．原因としては，for 文のブロックの記述が誤っている可能性があり，よく調べて見るとプログラムの最後の return True のインデントが間違えていることがわかります．

修正して動作を確認します．

```
In [6]: def is_prime(x):
            for i in range(2,x):
                print(i)
                if x % i == 0:
                    return False
            return True
```

```
In [7]: is_prime(9)
```

```
2
3
```

```
Out[7]: False
```

今度は繰り返しの中で 2 と 3 の場合をチェックし，3 で割り切れたので False を返しています．期待した動作に修正することができました．

B.3.2　コメントアウト

デバッグが終われば print() の行を消去して完了です．プログラムのデバッグが完全に終わるまでコメントとして，一時的にデバッグ情報を残しておくことも可能です．

例 デバッグコードをコメント化（コメントアウト）する

print() の行の初めに # を挿入してコメントとしています．これによって，print() の行は実行されなくなります．

In [8]:
```
def is_prime(x):
    for i in range(2,x):
        # print(i)
        if x % i == 0:
            return False
    return True
```

プログラムの一部を # を使ってコメントアウトして，実行させないようにするテクニックは，コードの一部の動きを確認するためによく利用されます．

B.3.3 デバッグ用コードの埋め込み

プログラムが完成すればデバッグに利用したコードは削除します．一方で将来の維持管理などのために，デバッグのためのプログラムを残しておきたい場合もあります．

このような場合には，グローバル変数を使ってデバッグコードの有効・無効を指定し，デバッグ用メッセージなどを出力するかどうかを制御する方法がとられます．

例 恒久的にデバッグコードを埋め込む

デバッグを行うかどうかを決めるグローバル変数（たとえば debug）を定義します．

In [1]:
```
debug = True
```

プログラムの中で debug を参照して True の場合にだけ print() を実行するように変更します．

In [2]:
```
def is_prime(x):
    for i in range(2,x):
        if debug:
            print(i)
        if x % i == 0:
            return False
    return True
```

デバッグを行う場合には debug を True に設定してプログラムを実行します.

In [3]:
```
debug = True
is_prime(9)
```

```
2
3
```

Out[3]: False

デバッグを行わない場合には debug を False に設定してプログラムを実行します.

In [4]:
```
debug = False
is_prime(9)
```

Out[4]: False

ここで使った debug は True か False かで制御を変えることができる変数で，フラッグと呼ばれることもあります.（変数名は debug でなくても，何でも大丈夫です.）

debug はグローバル変数なので，他の関数などの制御にも利用することができます. 同じ変数を利用しておけば，作成したプログラムのデバッグを一斉にオフにすることも可能です.

また，debug を数値（デバッグレベル）としておいて，その値に応じて出力するメッセージを変えるテクニックも用いられます. たとえば，デバッグレベル 1 (debug=1) の場合には概要を示すこととし，デバッグレベル 2 (debug=2) の場合には詳細なメッセージを表示するなどと決めておくことで，必要に応じて変更することが可能になります.

例 デバッグレベルの設定

In [5]:
```
def is_prime(x):
    for i in range(2,x):
        if debug > 0:
            print('i = ', i)
        if x % i == 0:
            if debug > 1:
                print(' -> return False')
            return False
    if debug > 1:
        print(' -> return True')
    return True
```

デバッグレベルを 2 にすると，ループの中で i の値と return した場所を表示します．

In [6]:
```
debug = 2
is_prime(9)
```

```
i = 2
i = 3
 -> return False
```

Out[6]: False

デバッグレベルを 1 にすると，ループの中で i の値だけを表示します．

In [7]:
```
debug = 1
is_prime(9)
```

```
i = 2
i = 3
```

Out[7]: False

デバッグレベルを 0 にすると，デバッグメッセージは表示されません．

In [8]:
```
debug = 0
is_prime(9)
```
Out[8]: False

B.3.4　プログラムがどこを実行しているか確かめる

プログラムが複雑になると，どこを実行してるかわからなくなる場合があります．この場合にも，プログラムの中に print() を挿入することで実行状態を把握することができるようになります．

例 プログラムの先頭に print() を挿入してプログラムの流れを追う．

再帰呼び出しによる階乗計算の流れを確認するために，関数の最初に print() を挿入し，呼び出されたときの引数の値を表示してみましょう．

In [1]:
```
def fact(x):
    print ('fact', x)
    if x == 0:
        return 1
    else:
    return x * fact(x-1)
```

fact(2) を計算すると、fact(2),fact(1),fact(0) と再帰的に呼び出されていることがわかります．

In [2]:
```
fact(2)
```
```
fact 2
fact 1
fact 0
```
Out[2]: 2

B.3.5　プログラムの実行を途中で止める

第 4 章で述べた通り，プログラムが無限ループを起こしたりした場合には，計算が終わりません．また無限ループでなくても，計算に時間がかかって終わらないように見える場合があります．このような場合には，Jupyter Notebook のショートカットにある停止ボタン（■）を押してプログラムを手動で停止することが必要になります．

例 無限ループ

```
In [1]: x = 1
        i = 10
        while (x < 100):
            i = i * x
```

```
        ---------------------------------------
        KeyboardInterrupt       Traceback (most recent call last)
        Cell In[1], line 3
            1 x = 1
            2 i = 10
        ---->3 while (x< 100):
            4     i = i * x

        KeyboardInterrupt:
```

手動で停止されると KeyboardInterrupt（キーボードからの割り込み）というエラーが発生します．このとき，プログラムを実行していた箇所が矢印で表示されます．while 文の条件が正しいか確認が必要です．

この例では，停止した段階で変数 i の値を確認することができます．

```
In [2]: print (i)

Out[2]: 10
```

例 多量のメッセージ出力

原因を発見するために途中にデバッグコードとして print(i) を挿入す

ると，値が無限に出力され続け確かにループが繰り返されていることが確認できます．放置すると計算機に負荷をかけ続けることになりますので，この場合にも停止ボタン（■）を押してプログラムを手動で停止してください．

```
In [3]: x = 1
        i = 10
        while (x < 100):
            i = i * x
            print(i)

        10
        10
        10
        10
        10
        ⋮
```

Python の処理系は無限に出力を出し続けますが，Jupyter Notebook では入出力の負荷を減らすため，出力は抑制されます．（Jupyter Notebook 上では出力は途中で出なくなりますが，Python の処理系は動き続けています．）

章末問題の解答例

第 2 章

2.1 In [1]:
```
120 + (23.5 + 312.0) / (.0003 * 130)
```
Out[1]: 8722.564102564103

2.2 In [1]:
```
a = 124.5
b = 5
```
In [2]:
```
a / b
```
Out[2]: 24.9

In [3]:
```
a * b
```
Out[3]: 622.5

In [4]:
```
math.pow(a, b)
```
Out[4]: 29912089882.78125

2.3 In [1]:
```
print("こんにちわ, 世界")
```
こんにちわ, 世界

2.4 In [1]:
```
import math
s = 15.6
t = 5.82e-1 +
(2*s-s*math.cos(math.radians(33*s))) / (s*(s+2))
print ("t=", t)
```
Out[1]: t= 0.7470469916173874

2.5 In [1]:
```
18 * 1.8 + 32
```
Out[1]: 64.4

In [2]:
```
(100 - 32) * 5 / 9
```
Out[2]: 37.77777777777778

第3章

3.1 In [1]:
```
y = int(input("年齢？"))
by = 2020 - y      # 2020年の場合
if by <= 2000:
    print("20世紀生まれ")
else:
    print("21世紀生まれ")
```
```
年齢？ 21
20世紀生まれ
```

3.2 In [1]:
```
a = int(input("1回目の点数？"))
b = int(input("2回目の点数？"))
h = (a + b) / 2
if a >= 50 and b >= 50 and h >= 60:
    print("合格", h)
else:
    print("不合格")
```
```
1回目の点数？ 50
2回目の点数？ 70
合格 60.0
```

3.3 In [1]:

```
h = float(input("身長 (m)？"))
w = float(input("体重 (Kg)？"))
bmi = w / h / h
sw = h * h * 22
if bmi < 18.5:
    print("低体重")
elif bmi < 25:
    print("普通体重")
elif bmi < 30:
    print("肥満度 1")
elif bmi < 35:
    print("肥満度 2")
elif bmi < 40:
    print("肥満度 3")
else:
    print("肥満度 4")
print("標準体重", sw)
print("標準体重との差", w - sw)
```

```
身長 (m)？ 1.72
体重 (Kg)？ 80
肥満度 1
標準体重 65.08479999999999
標準体重との差 14.915200000000013
```

第 4 章

4.1 In [1]:

```
i = 1
s = 0
while i <= 10:
    s += i
    i += 1
print(s)
```

4.2 In [1]:

```
s = 0
for i in range(10, 0, -1):
    s += i
print(s)
```

4.3 In [1]:
```
for dan in range (1, 10):
    for gyo in range (1, 10):
        print("%3d" % (dan * gyo), end=" ")
    print()
```

4.4 In [1]:
```
for x in range (0,10):
    for y in range (0,10):
        if (x + y) % 2 == 0:
            print("*", end=" ")
        else:
            print("-", end=" ")
    print()
```

4.5 In [1]:
```
import math
for i in range(0, 370, 10):
    s = math.sin(math.radians(i))
    ns = int(20 * (1 + s))
    spaces = ' ' * ns
    print (i, spaces, '*')
```

第5章

5.1 In [1]:
```
ave = sum(data) / len(data)  # 平均値
total = 0
for i in data:
    total += (ave - i) ** 2
print ("V=", total / len(data))
```

```
V= 896.4335999999998
```

5.2 In [1]:
```
import math
ave = sum(data) / len(data)  # 平均値
total = 0
for i in data:
    total += (ave - i) ** 2
print ("sigma=", math.sqrt(total / len(data)))
```

```
sigma= 2.7644775347251422
```

5.3 In [1]:

```
md = 100   # 最小値の初期値
for city in cityinfo:
    if city[1] < md:
        md = city[1]
print (md)
```

5.4 In [1]:

```
md = -100   # 最大値の初期値
c = ""   # 都市名を記録する変数
for city in cityinfo:
    if city[1] > md:
        md = city[1]
        c = city[0]
print (c, md)
```

5.5 In [1]:

```
t = []   # 九九の表を格納するリストのリスト
for dan in range (1,10):
    g =[]   # 行の答えを格納するリスト
    for gyo in range (1,10):
        g.append(dan * gyo)
    t.append(g)   # 行を追加する
```

In [2]:

```
gyo = int(input("行？"))
dan = int(input("段？"))
print (t[gyo-1][dan-1]) #インデクスは 0 から始まるので 1 を引く
```

```
行？ 3
段？ 5
15
```

5.6 In [1]:

```
k = input("都市名？")
if k in temperature:
    print(k, temperature[k])
else:
    print("都市名が見つかりません",k)
    d = float(input("平均気温を入力してください？"))
    temperature[k] = d
```

```
都市名？ 室蘭
都市名が見つかりません 室蘭
平均気温を入力してください？ 2
```

第6章

6.1 In [1]:
```
import math
def area_circle(r):
    return math.pi * r ** 2
```

In [2]:
```
area_circle(5)
```

Out[2]: 78.53981633974483

6.2 In [1]:
```
import math
def volume_cylinder(r, h):
    return math.pi * r ** 2 * h
```

In [2]:
```
volume_cylinder(3,12)
```

Out[2]: 339.29200658769764

6.3 In [1]:
```
def ball_height(v, t):
    return v * t - 9.8 * t**2 / 2
```

In [2]:
```
for t in range(11):
    print (t, ball_height(40, t))
```

```
0 0.0
1 35.1
2 60.4
3 75.9
4 81.6
5 77.49999999999999
6 63.599999999999994
7 39.89999999999998
8 6.399999999999977
9 -36.900000000000034
10 -90.00000000000006
```

6.4 In [1]:
```
def isPrime(n):
    if n < 2:
        return False
    for i in range(2, n):
        if (n % i) == 0:
            return False
    return True
```

In [2]:
```
for i in range(1,101):
    if isPrime(i):
        print(i, end=" ")
```

```
2 3 5 7 11 13 17 19 23 29 31 37 41 43 47 53 59 61 67
71 73 79 83 89 97
```

6.5 In [1]:
```
def divisor(n):
    for i in range(1,n+1):
        if (n % i) == 0:
            print(i, end=" ")
```

In [2]:
```
divisor(60)
```

```
1 2 3 4 5 6 10 12 15 20 30 60
```

In [3]:
```
def n_divisor(n):
    cnt = 0
    for i in range(1,n+1):
        if (n % i) == 0:
            cnt+=1
    return (cnt)
```

In [4]:
```
n_divisor(60)
```

```
12
```

In [5]:
```
def factorization(n):
    if isPrime(n):
        print(n, end=" ")
        return
    for i in range(2,n):
        if (n % i) == 0:
            print(i, end=" ")
            factorization(int(n/i))
            break
```

In [6]:
```
factorization(30)
```

```
2 3 5
```

In [7]:
```
for i in range(1001, 1010):
    print(i, end=" ")
    factorization(i)
    print()
```

```
1001 7 11 13
1002 2 3 167
1003 17 59
1004 2 2 251
1005 3 5 67
1006 2 503
1007 19 53
1008 2 2 2 2 3 3 7
1009 1009
```

6.6 In [1]:
```
for i in range(21):
    print ("fact(", i , ")=", fact(i))
```

```
fact( 0 )= 1
fact( 1 )= 1
fact( 2 )= 2
fact( 3 )= 6
fact( 4 )= 24
fact( 5 )= 120
fact( 6 )= 720
```

```
fact( 7 )= 5040
fact( 8 )= 40320
  ⋮
fact( 20 )= 2432902008176640000
```

6.7 In [1]:

```
for i in range(21):
    print ("fib(", i , ")=", fib(i))
```

```
fib( 0 )= 0
fib( 1 )= 1
fib( 2 )= 1
fib( 3 )= 2
fib( 4 )= 3
fib( 5 )= 5
fib( 6 )= 8
fib( 7 )= 13
fib( 8 )= 21
  ⋮
fib( 20 )= 6765
```

6.8 In [1]:

```
def fibcall(x):
    if x == 0:
        return 1
    if x == 1:
        return 1
    return 1 + fibcall(x-1) + fibcall(x-2)
```

In [2]:

```
for i in range(31):
    print ("fibcall(", i, ")=", fibcall(i))
```

```
fibcall( 0 )= 1
fibcall( 1 )= 1
fibcall( 2 )= 3
fibcall( 3 )= 5
fibcall( 4 )= 9
fibcall( 5 )= 15
fibcall( 6 )= 25
fibcall( 7 )= 41
```

```
fibcall( 8 )= 67
  ⋮
fibcall( 30 )= 2692537
```

6.9 In [1]:

```
for i in range(31):
    print("fib(", i, ")=", fib(i), "fibcall(", i, ")=", fibcall(i))
```

```
fib( 0 )= 0 fibcall( 0 )= 1
fib( 1 )= 1 fibcall( 1 )= 1
fib( 2 )= 1 fibcall( 2 )= 3
fib( 3 )= 2 fibcall( 3 )= 5
fib( 4 )= 3 fibcall( 4 )= 9
fib( 5 )= 5 fibcall( 5 )= 15
fib( 6 )= 8 fibcall( 6 )= 25
fib( 7 )= 13 fibcall( 7 )= 41
fib( 8 )= 21 fibcall( 8 )= 67
  ⋮
fib( 30 )= 832040 fibcall( 30 )= 2692537
```

第7章

7.1 (a) リスト作成

In [1]:

```
max_degree = [0,1,4,10,15,18,22,24,21,17,9,3]
```

In [2]:

```
min_degree = [-5,-5,-2,3,7,12,16,18,15,9,3,-2]
```

In [3]:

```
%matplotlib inline
import matplotlib.pyplot as plt
```

(b) 個別グラフのプロット

In [4]:

```
plt.plot(max_degree)
```

Out[4]:

```
[<matplotlib.lines.Line2D at 0x111a27f28>]
```

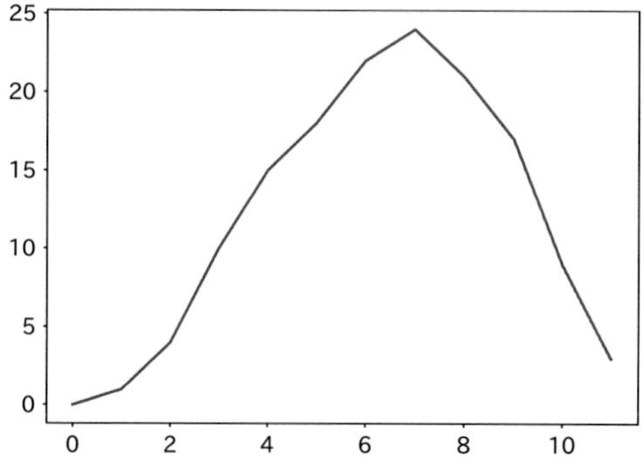

In [5]:
```
plt.plot(min_degree)
```

Out[5]:
```
[<matplotlib.lines.Line2D at 0x111aa2eb8>]
```

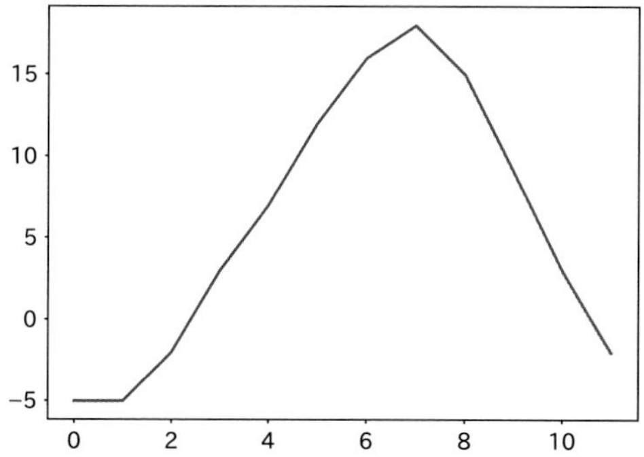

(c) 一つのグラフでプロット

In [6]:
```
plt.plot(max_degree)
plt.plot(min_degree)
```

Out[6]:
```
[<matplotlib.lines.Line2D at 0x116c542e8>]
```

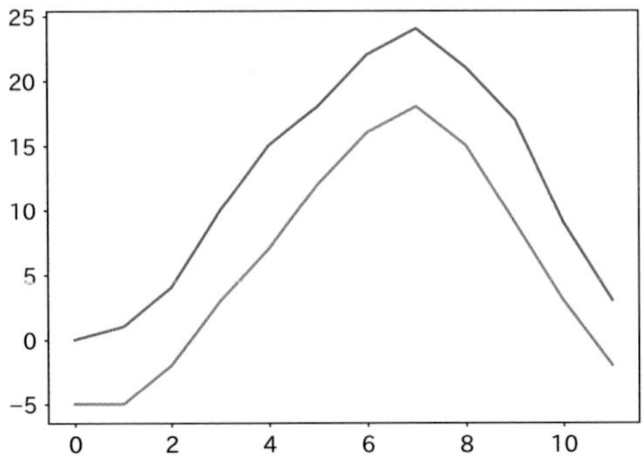

7.2 In [1]:
```
rank = [ 17.07,16.28,9.12,6.13,4.29,4.18,2.68,
    2.49,2.09,1.85 ]
label = ['C','Java','Python','C++','C#',
    'Visual Basic','JavaScript','PHP','SQL','R']
```

In [2]:
```
plt.axis('equal')
plt.pie(rank, labels=label)
```

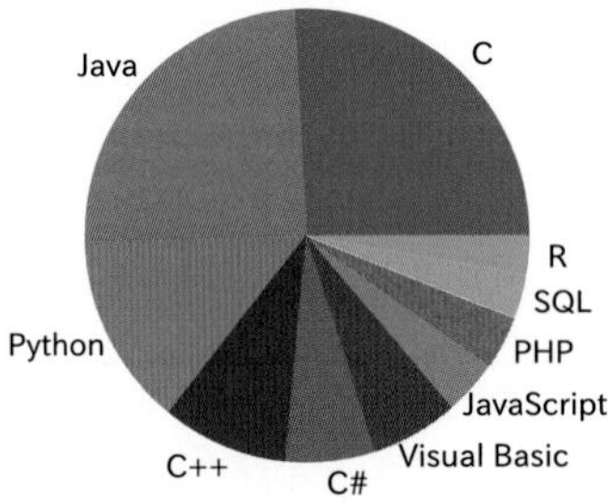

次の解では，オプションを指定することで，グラフの体裁を変更しています．

In [3]:
```
plt.axis('equal')
plt.pie(rank, labels=label, startangle=90,
    counterclock=False, autopct='%1.0f', radius=1.5)
```

(a) `startangle = 90`：真上からデータの配置を始める
(b) `counterclock = False`：時計回り
(c) `autopct = '%1.0f'`：小数点 1 桁でパーセントを表示
(d) `radius = 1.5`：半径 1.5 cm

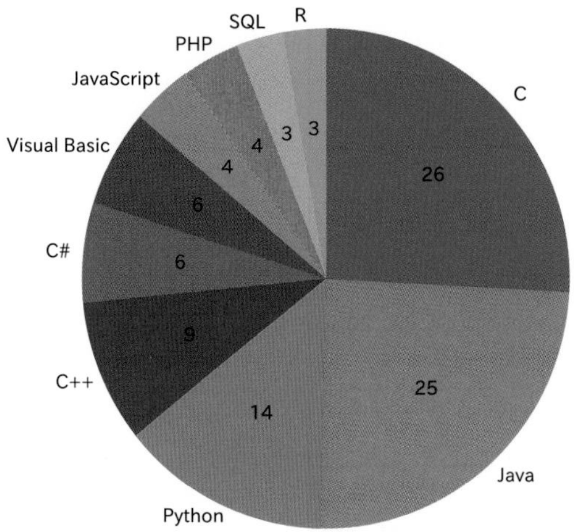

7.3 In [1]:

```
%matplotlib inline
import matplotlib.pyplot as plt
def x3(x):
    return x**3
x = list(range(-10, 11))
y = list(map(x3, x))
plt.plot(x,y)
```

7.4 In [1]:

```
def fact(x):  # 階乗の計算
    if x == 0:
        return 1
    else:
        return fact(x-1) * x
x = list(range(1, 11)) # 1 から 10 までのリスト
y = list(map(fact, x)) # リストの数字の階乗を計算する
plt.plot(x,y) # プロットする
```

7.5 In [1]:

```
def fib(x):      # フィボナッチ数列の計算
    if x == 0:
        return 0
    if x == 1:
        return 1
    return fib(x-1) + fib(x-2)
x = list(range(1, 21)) # 1 から 20 までのリスト
y = list(map(fib, x)) # リストの数字の fib() を計算する
plt.plot(x,y) # プロットする
```

第 8 章

8.1 In [1]:

```
def findCard(c, l):
    i = 0
    while i < len(l):
        if l[i] == c:
            print("発見")
            break
        i += 1
```

8.2 In [1]:

```
def findCard2(c, l):
    min_idx = 0
    max_idx = len(l)-1
    while min_idx <= max_idx:
        mid_idx=int((min_idx+max_idx)/2)
        if l[mid_idx]== c:
            print("発見")
            return
        if l[mid_idx] > c:
            max_idx = mid_idx-1
        else:
            min_idx = mid_idx+1
    return  # 未発見
```

8.3 （実行結果の例）

In [1]:

```
f = random.choices(cards, k=50000000)
```

In [2]:
```
%time
findJ(f)
```

```
CPU times:  user 5.62 µs, sys:  0 ns, total:  5.62 µs
Wall time:  5.62 µs
1
```

In [3]:
```
%time
f.sort()
```

```
CPU times:  user 3 µs, sys:  0 ns, total:  3 µs
Wall time:  5.25 µs
```

In [4]:
```
%time
findJ2(f)
```

```
CPU times:  user 18 µs, sys:  0 ns, total:  18 µs
Wall time:  22.6 µs
1
```

8.4 手札にジョーカーが含まれる確率は $\frac{13}{53} \fallingdotseq 0.25$ になります.

第 9 章

9.1 `min_idx()` の処理はソート対象リストの長さに比例した時間がかかる. `selection_sort()` ではリストの長さの回数だけ `min_idx` を呼び出すため, リストの長さの 2 乗の処理が必要になる.

9.2 In [1]:
```
def max_idx(l, s):
    m = l[s]  # 仮に最大値を最初の要素とする
    m_idx = s  # 仮に最大値の要素番号を最初の要素番号とする
    for i in range(s,len(l)):
        if m < l[i]:     # 最大値より大きい場合
            m = l[i]
            m_idx = i
    return m_idx
```

In [2]:
```
def selection_sort2(l):
    sort_start = 0
    while sort_start < len(l):
        mi = max_idx(l, sort_start)
        # 最大値の要素と最初の要素を入れ替える
        tmp = l[sort_start]
        l[sort_start] = l[mi]
        l[mi] = tmp
        # 対象範囲を変更する
        sort_start += 1
```

In [3]:
```
import random
l = random.sample(list(range(1000)), k=1000)
%%time
selection_sort2(l)
```

```
CPU times:  user 26 ms, sys:  0 ns, total:  26 ms
Wall time:  25.6 ms
```

9.3 In [1]:
```
l = random.sample(alphabet, len(alphabet))
selection_sort2(l)
l
```

9.4 In [1]:
```
month = ['January', 'February', 'March', 'April',
'May', 'June', 'July', 'August',
'September', 'October', 'November', 'December']
selection_sort(month)
month
```

Out[1]:
```
['April',
 'August',
 'December',
 'February',
 'January',
 'July',
 'June',
 'March',
 'May',
```

```
'November',
'October',
'September']
```

9.5 In [1]:

```
import random
month_l = [ ['January', 1], ['February', 2], ['March',
3], ['April', 4], ['May', 5], ['June', 6], ['July',
7], ['August', 8], ['September', 9], ['October', 10],
['November', 11], ['December', 12] ]
l = random.sample(month_l, 12) #month_l をランダムに入れ替える
l
```

Out[1]:

```
[['May', 5],

['July', 7],
['August', 8],
['March', 3],
['June', 6],
['November', 11],
['September', 9],
['October', 10],
['January', 1],
['February', 2],
['December', 12],
['April', 4]]
```

In [2]:
```
def min_idx_l(l, s):
    min = l[s][1]  # 仮に最小値を最初の要素とする
    min_idx = s
    for i in range(s, len(l)):
        if min > l[i][1]:
            min = l[i][1]
            min_idx = i
    return min_idx

def selection_sort_l(l):
    sort_start = 0
    sort_end = len(l)
    while sort_start < sort_end:
        mi = min_idx_l(l, sort_start)
        # 最小値の要素と最初の要素を入れ替える
        tmp = l[sort_start]
        l[sort_start] = l[mi]
        l[mi] = tmp
        # 対象範囲を変更する
        sort_start += 1
```

In [3]:
```
selection_sort_l(l)
l
```

Out[3]:
```
[['January', 1],
 ['February', 2],
 ['March', 3],
 ['April', 4],
 ['May', 5],
 ['June', 6],
 ['July', 7],
 ['August', 8],
 ['September', 9],
 ['October', 10],
 ['November', 11],
 ['December', 12]]
```

第 10 章

10.1 In [1]:

```
pos = 0
pos_history = []  # 歩みを記録するリスト
for i in range(1000):
    pos += next_step()
    pos_history.append(pos)  # リストに位置を記録する
plt.hist(pos_history, rwidth = 0.9)
plt.show()
```

10.2 In [1]:

```
def next_stepC():
    return random.random() * 2 - 1
pos = 0
pos_history = []  # 歩みを記録するリスト
for i in range(1000):
    pos += next_stepC()
    pos_history.append(pos)  # リストに位置を記録する
plt.plot(pos_history)
plt.show()
```

10.3 In [1]:

```
pos = 0
pos_history = []  # 歩みを記録するリスト
for i in range(1000):
    pos += next_stepC()
    pos_history.append(pos)  # リストに位置を記録する
plt.hist(pos_history, rwidth = 0.9)
plt.show()
```

10.4 In [1]:

```
def next_stepS(x):
    if abs(x) < 0.1:
        return 2 - random.random()
    else:
        return - random.random() * 2 / x
```

In [2]:
```
#移動位置の履歴
pos = 0
pos_history = []  # 歩みを記録するリスト
for i in range(1000):
    pos += next_stepS(pos)
    pos_history.append(pos)  # リストに位置を記録する
plt.plot(pos_history)
plt.show()
```

In [3]:
```
# ヒストグラム
pos = 0
pos_history = []  # 歩みを記録するリスト
for i in range(1000):
    pos += next_stepS(pos)
    pos_history.append(pos)  # リストに位置を記録する
plt.hist(pos_history, rwidth = 0.9)
plt.show()
```

第11章

11.1 In [1]:
```
x = [0, 1, 2, 3, 4, 5, 6, 7]  # 確率変数xとその確率分布
Px = [0.05, 0.10, 0.15, 0.20, 0.20, 0.15, 0.10, 0.05]
```

In [2]:
```
y = [2, 3, 4, 5, 6]  # 確率変数yとその確率分布
Py = [0.20, 0.25, 0.25, 0.20, 0.10]
```

In [3]:
```
z = [6, 7, 8, 9]  # 確率変数yとその確率分布
Pz = [0.20, 0.45, 0.25, 0.10]
```

In [4]:
```
%matplotlib inline
import matplotlib.pyplot as plt #グラフを表示するための準備
```

In [5]:
```
import random  # random.choices関数を利用するための準備
```

In [6]:
```
def f(x, Px, y, Py, z, Pz):  # サンプル値 wi を計算する関数
    x_samples = random.choices(x, weights=Px, k=1)
    xi = x_samples[0]
    y_samples = random.choices(y, weights=Py, k=1)
    yi = y_samples[0]
    z_samples = random.choices(z, weights=Pz, k=1)
    zi = z_samples[0]
    wi = 3*xi + 2*yi + zi
    return wi
```

In [7]:
```
w = [] # リスト w を用意し，サンプル値 wi を 100,000 個格納
for i in range(100000):
    wi = f(x, Px, y, Py, z, Pz)
    w.append(wi)
w.sort()  # サンプルを小さな値の順にソート
```

In [8]:
```
plt.hist(w)  # ヒストグラムを作成
plt.show()
```

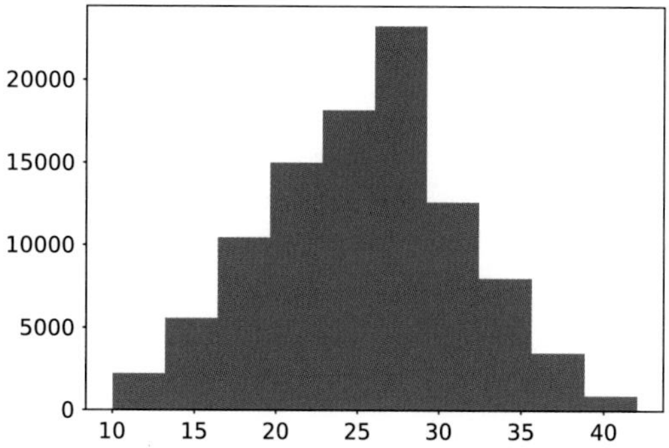

In [9]:
```
# サンプルの平均値 = サンプル値の合計 / サンプルサイズ
mean = sum(w)/len(w)
print(mean)
```

Out[9]:　25.24908

（この値は，シミュレーションによって多少変化することがあります．）

In [10]:
```
# サンプルの分散 = 平均値との差分の 2 乗の合計 / サンプルサイズ
var = 0
for i in range(100000):
    var = var + (w[i] - mean)*(w[i] - mean)
var = var/len(w)
print(var)
```

Out[10]:　36.28503915359459

（この値は，シミュレーションによって多少変化することがあります．）

11.2

In [1]:
```
# 確率変数 x とその確率分布
x = [0, 100, 200, 300, 400, 500, 600, 700, 800]
Px = [0.13, 0.0, 0.0, 0.10, 0.23, 0.30, 0.17, 0.0, 0.07]
```

In [2]:
```
import random  # random.choices 関数を利用するための準備
```

In [3]:
```
# 1 カ月の昼食代のサンプルを計算する関数
def LunchCost(x, Px):
     # 1 日の昼食代のサンプル（サンプルサイズ 30）をランダムに抽出
    x_samples = random.choices(x, weights=Px, k=30)
     # 30 個のサンプル値を合計して，1 カ月の昼食代のサンプルを値返す
    return sum(x_samples)
```

In [4]:
```
# リスト MonthlyCosts を用意し，サンプル値 m を 100,000 個格納
MonthlyCosts = []
for i in range(100000):
    m = LunchCost(x, Px)
    MonthlyCosts.append(m)
MonthlyCosts.sort()  # サンプルを小さな値の順にソート
```

In [5]:
```
#99%の確率で不足することのない昼食代として，99,000 番目の要素を確認
MonthlyCosts[99000]
```

Out[5]:　15400

（この値は，シミュレーションによって多少変化することがあります.）

11.3 In [1]:

```
# 確率変数 x とその確率分布
x = [0, 1, 2, 3, 4, 5, 6, 7, 8, 9, 10, 11]
Px = [0.007, 0.034, 0.084, 0.140, 0.176, 0.176, 0.147,
0.105, 0.066, 0.037, 0.019, 0.009]
```

In [2]:

```
import random  # random.choices 関数を利用するための準備
```

In [3]:

```
# 1 カ月の在庫数のサンプルを計算する関数
def Sales(x, Px):
    # 1 日の販売数のサンプル（サンプルサイズ 30）をランダムに抽出
    x_samples = random.choices(x, weights=Px, k=30)
    # 30 個のサンプル値を合計して，1 カ月の在庫数のサンプル値を返す
    return sum(x_samples)
```

In [4]:

```
# リスト counts を用意し，サンプル値 m を 100,000 個格納
counts = []
for i in range(100000):
    m = Sales(x, Px)
    counts.append(m)
counts.sort()  # サンプルを小さな値の順にソート
```

In [5]:

```
#99.9%の確率で不足することのない在庫数として99,900番目の要素を確認
counts[99900]
```

Out[5]:　187

（この値は，シミュレーションによって多少変化することがあります.）

参 考 文 献

[1] 池内孝啓・片柳薫子・ 岩尾エマはるか・@driller『Python ユーザのための Jupyter［実践］入門』（技術評論社，2017）

[2] 掌田津耶乃『データ分析ツール Jupyter 入門』（秀和システム，2018）

[3] 柴田淳『みんなの Python 第 4 版』（SB クリエイティブ，2016）

[4] Wes McKinney（瀬戸山雅人・小林儀匡・滝口開資訳）『Python によるデータ分析入門 第 2 版 —NumPy，pandas を使ったデータ処理』（オライリージャパン，2018）

[5] Alex Martelli, Anna Martelli Ravenscroft, David Ascher（鴨澤眞夫・當山仁健・吉田聡・吉宗貞紀訳）『Python クックブック 第 2 版』（オライリー・ジャパン，2007）

[6] 本郷健・松田晃一『学生のための Python』（東京電機大学出版局，2017）

[7] 久保応助・宮本敏雄『予測と計画 —最適性の探求』（講談社，1980）

索　　引

た行

な行

は行

ま行

や行

ら行

著 者 紹 介

桑田　喜隆（くわた　よしたか）

1986 年群馬大学電子工学科修了．その後，NTT データで人工知能，グループウエア，GIS，ロボカップレスキュー，分散処理システム等の研究開発に従事． 2014 年より室蘭工業大学で情報教育を担当．クラウドコンピューティングの研究を実施中．
情報教育センター　教授　センター長　博士（工学）

執筆担当：第 1 章～第 7 章，第 10 章

小川　祐紀雄（おがわ　ゆきお）

1994 年名古屋大学大学院理学研究科博士前期課程修了．1994 年日立製作所入社，2005 年より主任研究員．2012 年大阪大学 大学院情報科学研究科 博士後期課程修了．2016 年室蘭工業大学情報メディア教育センター准教授．現在，同大学にてクラウドデータセンタ，IoT に関する管理・教育・研究に従事．博士（情報科学）

執筆担当：第 11 章

早坂　成人（はやさか　なりひと）

1985 年室蘭工業大学情報処理教育センター技官．1992 年同大学第二部電気工学科 卒業．2004 年同大学情報メディア教育センター助手．2007 年同大学情報メディア 教育センター助教．2019 年同大学情報教育センター助教．教育支援システムに関 する研究に従事．

執筆担当：第 8 章

石坂　徹（いしざか　とおる）

1997 年室蘭工業大学博士後期課程生産情報システム工学専攻単位取得退学．同年，室蘭工業大学大学工学部附属情報メディア教育センター助手．室蘭工業大学で情報基礎教育を担当．システム連携，クラウドコンピューティングの研究に従事．
情報教育センター　助教　修士

執筆担当：第 9 章

Jupyter Notebookで始(はじ)めるプログラミング［増補版］

2020年 9月30日　第1版　第1刷　発行
2021年 8月30日　第1版　第2刷　発行
2023年 9月30日　増補版　第1刷　発行
2024年10月20日　増補版　第2刷　発行

著　者　桑田喜隆
　　　　小川祐紀雄
　　　　早坂成人
　　　　石坂　徹
発行者　発田和子
発行所　株式会社 学術図書出版社
〒113−0033　東京都文京区本郷5丁目4の6
TEL 03−3811−0889　振替 00110−4−28454
印刷　三美印刷（株）

定価はカバーに表示してあります．

ISBN978−4−7806−1159−5　C3004